自律型組織をデザインする

経営デザインシートを活用した経営革新の進め方

中村 文昭
Fumiaki Nakamura

同友館

もくじ

第❸章　経営デザインシートの作り方

第 **4** 章　経営変革キックオフ式のやり方

第 **5** 章　ミーティング・ワークショップのやり方

第**6**章 方針発表会と自律型組織の維持

第 1 章

なぜ自律型組織なのか

第1節
自律型組織が求められる背景

1.VUCAの時代

　これからの会社は「変化への適応」が求められる

　現在または近未来の社会を現す言葉に「VUCA」「人生100年時代」「第4次産業革命」があります。この後詳しく説明しますが，「VUCA」とは，今回のコロナ禍のように天災・人災など予測のできない現象が現れやすくなっている状況を指します。「人生100年時代」は，寿命が長くなったことによる社会変化であり，そして「第4次産業革命」はAIなど技術革新によるパラダイム変化を意味しています。

　この3つの変化に伴い，企業側に求められることは，次のように変化すると思われます。

　①VUCAの時代は，いつ突発的な激変が起こるか分からないので，万一の際も指示待ちに陥らず，自律分散的かつ臨機応変な対応が取れるような人材や組織が求められます。

　②人生100年時代では，人はキャリア自律を目指し，生涯のうちに何度も職場を変える可能性があります。企業は，働き手のニーズを受け入れ，柔軟な働き方のできる組織にすることが求められます。

　③第4次産業革命後の社会では，ルーチンワークはAIやロボットが担うようになり，人の役割は創造的な分野になると思われます。企業はユーザの潜在ニーズを想定し，新しい価値を生み出せる人材活用の仕組みが求められます。

　上記の①〜③を同時に解決しようとしたら，どのような方法があるのでしょうか。その話は次章以降にまわすとして，「VUCA」「人生100年

時代」「第4次産業革命」についてもう少し詳しく説明したいと思います。

21世紀はVUCAの時代

2020年にはじまったコロナ禍はVUCAの時代を象徴する出来事です。「VUCA」は，Volatility（変動），Uncertainty（不確実），Complexity（複雑），Ambiguity（曖昧）の頭文字をつなぎ合わせた造語です。これらは，人口爆発，気候変動，文明の衝突などが原因となり巻き起こる予測不可能な現象のことを言います。

高度経済成長期，多くの人は「未来は現在の延長線上にある」と思い込んでいました。そのため，将来に対してこれといった疑問を持つことなく，社会活動や経済活動を行ってきました。

しかし，VUCAの時代は，「未来は現在の延長線上にある」という前提自体が崩れています。その発想は通用しないばかりか，この発想のままでいると今回のコロナ禍のような混乱をきたすことさえあります。

「VUCA」という言葉は，2001年のアメリカ同時多発テロを通じて特に意識されるようになりました。軍隊は，シビリアン・コントロール上，基本的にトップダウン型の指揮系統ですが，それまでの戦争は国対国だったので，指揮系統自体が問題になることはありませんでした。しかし，テロのばあい，思想に同調した人たちが，同時多発的にテロ行為を起こすため，軍隊では組織構造上，対策が後手に回るという意思決定上の課題を抱えることになります。この状態を説明する言葉として「VUCA」は軍事用語として定着しました。

もともと軍事用語として生まれた「VUCA」ですが，2010年代あたりからビジネス分野でも使われるようになりました。スマホやSNSの普及により，すべての人が発信者となり，同時多発的に事態が起こるようになった点が，まさに「VUCA」だったためです。きっかけはユニ

リーバがアニュアルレポート（年次報告書）で市場の現状を「VUCA
ワールド」と言及したことだと言われています。その後，世界各国の要
人が集まる世界経済フォーラム（ダボス会議）でも，人類が直面する現
状を称して「VUCAワールド」という言葉が使われるなど，VUCAと
いう言葉は，軍事用語を離れて，様々な分野で使われるようになりまし
た。それぞれの意味は以下のとおりです。

【Volatility（変動）】

「Volatility（変動）」とは，事態に動きがあり変化することを言います。スマホ
やSNSの登場以来，消費者の価値観やニーズの多様化と市場の細分化を進め，
社会や経済に予測不可能な変動をもたらしています。主なものを挙げれば次の
とおりです。

1. 産業面の変動
   今，企業は様々な情報をデータ化し集められたデータを解析することで新た
   なサービスの提供しようとしています。しかしどこの企業からどんなイノ
   ベーションが生まれるかは予測できません。

2. 消費者面の変動
   今，個人のニーズに合った財やサービスを必要なときに必要なだけ消費でき
   るシェアリング・サービスなど，ライフスタイル自体の変動が起きています。

3. 労働環境面の変動
   今，機械で容易には代替できないとされていたハイスキルな仕事もAIやロ
   ボットに代替されつつあります。このことが働き方そのものに変動を起こし
   ています。

4. 金融面の変動
   今，スマートペイメント，クラウドファンディング，クラウド会計，個人資
   産運用サービス，ソーシャルレンディング（お金を借りたいニーズとお金を
   運用したいニーズを結びつけるマッチングサービス）など，フィンテックと
   呼ばれる金融面の変動が起こっています。

5. 娯楽や教育面の変動
   今，VR（仮想現実：Virtual Reality：バーチャルリアリティ）やAR（拡張
   現実：Augmented Reality：オーグメンテッドリアリティ）を使ったサービ
   スが急速に増えています。これにより娯楽や教育に限らず文化全般に大きな
   変動が起こると予想されます。

【Uncertainty（不確実）】

「Uncertainty（不確実）」とは，発生確率が不明で計算できない状態を言います。「コロナ禍」もこれのひとつと言えるでしょう。また，日本人としては「自然災害」が気になるところです。それ以外にも「政治」「社会」「経済」も発生確率が不明で計算できない不確実性があります。これらは，お互いに影響しあうことで，さらなる不確実を生み出します。

1. 自然
   自然災害は，地震，津波，台風，洪水，火山噴火，今までになかったウイルス等によるパンデミックなどがあります。これらが発生することで，人の考え方や行動が一気に変わることもあります。

2. 政治・社会・経済
   環境汚染や生態系破壊，AI化社会，再生医療やデザイナーベイビー，安楽死や認知症による意識の終焉など，新たな倫理的問題や，LGBTや障がい者に対する概念の変化は予測できません。
   また，デフレやインフレ，株価の暴落，金融機関の破たんや大型倒産，新たな産業の勃興や衰退も予測はできません。

【Complexity（複雑）】

「Complexity（複雑）」とは，膨大な要素が絡み合った状態を言います。「複雑」は，創発や自己組織化を引き起こし，「変動」や「不確実」の元になることがあります。

1. 創発
   創発とは，部分の性質の単純な総和にとどまらない性質が，全体として現れることを言います。分かりやすく言えば1+1が3にも4にもなる現象です。スマホやSNSの普及後，世界規模で様々な文化が創発されています。そして複雑さを加速させています。

2. 自己組織化
   自己組織化とは，相互作用により自発的に特定の秩序構造を形成する現象のことを言います。自然発生的に生まれた集団は，どれも自己組織化と言ってよいかもしれません。この現象は創発に付随して発生するので，複雑さを増す要因です。

【Ambiguity（曖昧）】

「Ambiguity（曖昧）」とは，どちらか一方に決めることができない多義性をもつ状態を言います。社会的な言葉は，文化，教育，時代，宗教，民族，それぞれの価値観によって解釈が異なり，すべての人が納得する解釈を見つけることはできません。そのことが社会をより複雑にします。

2. 人生100時代

もしあなたが100歳まで生きるとしたら

もしあなたが100歳まで生きるとしたら，どんな人生設計をしますか?

こんな質問をされたら，あなたはどのように答えるでしょうか。「人生設計も何も，そもそも100歳まで生きられるとは思っていない」と答える人の方が多いかもしれません。

しかし，リンダ・グラットンとアンドリュー・スコットの著書『ライフ・シフト』の著者によると，先進国では2007年生まれの2人に1人が100歳を超えて生きると言います。

「自分は1970年代生まれだから関係ないな」と思う人もいるかもしれませんが，すでに日本人の平均寿命は女性が87.45歳，男性が81.41歳です。(2019年) そして毎年少しずつ平均寿命は伸びています。これを踏まえると，1970年代生まれの人でも100歳まで生きる可能性は十分にあると言えます。

これまでの社会では，学校を卒業したら，就職して，定年退職したあと静かな老後を送るのが一般的でした。20世紀の作られた人生設計のパターンです。すでにこのパターンは崩れかかっていますが，社会の仕組みとしては依然残っています。

しかし，人生100年時代では，この構造は完全に崩れ，多くの人の資金計画は崩壊するとともに，労働市場は大きな変化をせざるを得なくなります。この時代になったら，人は75歳，80歳，へたしたら一生働かなければならないかもしれません。著者によれば，人生100年時代を生きるためには，人は少なくとも75才から85才まで働かなければならないといいます。

業歴別企業倒産件数構成比推移

出典：東京商工リサーチのデータを基に筆者が作成

　これに対して企業の寿命はどんどん短くなっています。東京商工リサーチの調べによると，2001年を境に30年以上の企業と10年未満の企業の倒産構成比が逆転しており，その後も30年以上の企業の倒産は増え続けています。

　これらのことから，すでに個人の仕事年数は企業の存続年数を超えていると考えますが，人生100年時代になると，この傾向はさらに進むでしょう。そしてこれに伴い，人は生涯のうちに何度も会社や職種を変えることが普通になると思われます。

　このような話をすると，深刻に受けとめる人もいるかもしれません。しかし，人生100年時代はみんなが100歳まで生きる可能性を持つ時代なので，社会・経済システムも今とはまったく異なるものになります。現在のシステムを前提にした発想のまま，人生100年時代を測ってはなりません。

グラットンによると，人生100年時代では，「エクスプローラー」，「インディペンデント・プロデューサー」，「ポートフォリオ・ワーカー」など新ステージが誕生し，労働市場に存在する職種が大幅に入れ替わる可能性もあると説いています。

　エクスプローラーとは，直訳すれば「探検者」「探究者」です。たとえば，サラリーマンとして十分キャリアを積んだ人が，なぜか会社を辞めて，大学に通い直したり，何らかの団体に所属したりします。一昔前なら「自分探し」「モラトリアム」と呼ばれたかもしれませんが，人生100年時代のエクスプローラーはこれらと異なります。

　人生100年時代のエクスプローラーにとって，これらの行動は，移り変わる社会の変化に適応するために必要不可欠な探索期間です。これまでのキャリアが，新しい社会に通用しないと感じたとき，または時代の変化を機会ととらえ，変身することで自己実現に近づくと感じたとき，働き手はエクスプローラーの道を選びます。

　インディペンデント・プロデューサーとは，直訳すれば「独立した製作者」です。分かりやすく言えば，創造的なフリーランスのことです。

　エクスプローラーのあと，再び企業に戻る人もいるでしょうが，フリーランスや作家などの道を歩む者もいます。ただし，人生100年時代のフリーランスは，現在のフリーランスとは少し趣が異なります。

　ご存じのとおり，AI化後の社会は「機械でできることは機械が，人しかできないことを人がやる」社会です。専門性の高い人材がプロフェッショナルとして力を発揮することで，企業はAIとの共存が可能になります。

　その際，必要になる専門家がインディペンデント・プロデューサーです。フリーランスとして働くのか，契約社員になるのか，それとも限定正社員になるのかは置いといて，彼らが，新しいプロジェクトのけん引

役になっていきます。

　ポートフォリオ・ワーカーとは，直訳すれば「組み合わせの働き手」です。つまり，上記のエクスプローラー，インディペンデント・プロデューサー，2つの生き方を混在させる人のことです。

　これからの時代，85歳まで働かなければならないとしたら，いつまでも勉強し続けて，新しい環境にどんどん飛び込み，常に自分自身を刷新し続けなければなりません。そのために，エクスプローラー，インディペンデント・プロデューサー，2つの生き方を混在する必要があります。

　それはたとえ，大会社に入社して，ずっとその会社で働き続けることのできる人にも当てはまることでしょう。今や副業は市民権を得ています。働きながら大学や大学院に行く人も珍しくありません。この流れは，今後，ますます拡大していくと思います。

　その際，これまでの「教育」「仕事」「引退」という単純な区割りではなく，生涯にわたって学習を繰り返すことのできる「リカレント教育」の仕組みが整った社会の中でわれわれは働くことになるでしょう。これが人生100年時代の働き方です。

人生100年時代の企業の課題

　グラットンは，人生100年時代により，人生のマルチステージ化が起こると，これに併せて企業も根本から方針を見直さざる得なくなるとし，次の6つの提案をしています。

【人生100年時代における6つの提案】
1. 無形の資産に目を向ける
人生100年時代，企業は，社員ひとりひとりの資産である「生産性資産（スキル・知識等）」，「活力資産（肉体的・精神的健康）」，「変身資産（人的ネットワークと経験に対する開かれた姿勢）」の3点を管理することが課題になります。
2. 移行を支援する
人生100年時代になると，社員は人生で何度も移行を経験することになります。企業は，上記の変身資産の必要を十分理解して，移行のための必要な支援をする必要があります。
3. マルチステージの人生を前提にする
人生100年時代の働き手は，複数のキャリアを持ち，多様な人生を歩む「マルチステージの人生」を歩むと著者は言います。このことから企業はマルチステージの人生を前提にした制度や手続きを作り上げる必要があります。
4. 仕事と家庭の関係の変化を理解する
長寿化はパートナー同士の関係や家族構成に影響を及ぼします。家族の形態が多様化し，マルチステージの人生を生きる者が増える時代になれば，企業は個々の職種ごとに働き手に求める事項を明確にする必要があります。
5. 年齢を基準にするのをやめる
マルチステージの人生では年齢などの形式的な基準は大きな意味をもたなくなります。年齢と経験は比例しなくなるからです。企業はこのことを認識する必要があります。
6. 実験を容認・評価する
人生100年時代の企業は，社員にどのような働き方を認め，人材採用時にどのような経歴の持ち主を評価するかに関して，実験的になれと言います。つまり，履歴書の空白に寛容になるように提案しています。

3. 第4次産業革命

第4産業革命に伴う変化

　「VUCA」「人生100年時代」と並ぶ大きな環境変化に「第4次産業革命」があります。

第1次産業革命	第2次産業革命	第3次産業革命	第4次産業革命
●蒸気機関による工業化	●電力による大量生産	●情報通信技術革命	●ビッグデータ、IoT、AI、ロボット等による技術革新

　第4次産業革命とは，18世紀末に始まる蒸気機関による工業化の第1次産業革命，20世紀初頭からの電力を用いた大量生産の第2次産業革命，1970年代以降の情報技術を用いた一層のオートメーション化の第3次産業革命に続く，IT及びビッグデータ，AIやロボットの活用によって，需要面，生産面，働き方，高齢者の生活などに変化を及ぼす産業革命のことを言います。

　こうした技術革新により次の3点が可能になると言われています。

①個々にカスタマイズされた生産・サービスの提供

②資源・資産の効率的な活用

③AIやロボットによる，従来人間によって行われていた労働の補助・代替

第4次産業革命とは，企業側から見れば，生産性の飛躍的な向上に伴い，これまでの財・サービスの生産・提供の在り方が大きく変化することです。

　消費者側からみれば，既存の財・サービスを今までよりも低価格で好きなときに適量購入できるだけでなく，潜在的に欲していた新しい財・サービスも享受できるようになることです。

　この両面の変化が今後も続きどこまで行くのか予測できないことが第4次産業革命のインパクトです。

　先ほど人生100年時代は個人の仕事年数が企業の存続年数を超える時代でもあるので人は生涯のうちに何度も会社や職種を変えるようになる

と書きました。しかしこれだけが会社や職種を変える要因ではありません。会社業務のAI化やロボット化も雇用面に多大な影響を与えます。

　下の表は，野村総合研究所『AIと共存する未来～AI時代の人材・組織～』に記載されている「人工知能やロボット等による代替可能性が高い（低い）100種の職業」のうちの20種です。なお，100種の職種のうち半数近くは馴染みの無い職種だったので，グーグルの検索でヒット数の多かった20種をピックアップしています。

AIやロボット等による代替可能性が高い職業例・低い職業例

【代替可能性が「高い」職業例】		
駐車場管理人	スーパー店員	宝くじ販売人
一般事務員	ビル施設管理技術者	製パン工
路線バス運転者	警備員	診療情報管理士
学校事務員	タクシー運転者	人事係事務員
医療事務員	受付係	電子部品製造工
保険事務員	建設作業員	郵便事務員
電気通信技術者	教育・研修事務員	
【代替可能性が「低い」職業例】		
俳優	保育士	獣医師
プロデューサー	アナウンサー	エコノミスト
ミュージシャン	評論家	人類学者
美容師	映画監督	精神科医
スタイリスト	歯科医師	作業療法士
マンガ家	外科医	料理研究家
ソムリエ	理学療法士	

出所：野村総合研究所の資料を基に筆者が作成
※検索ヒット数の高い順に20個をピックアップ

　見てのとおり，代替可能性の高い職業は，マニュアル化が可能なものばかりで，反対に代替可能性の低い職業は，長年の修行を必要とするようなマニュアル化できないものばかりです。これらを踏まえると，代替

可能性の高い職業の傾向は以下の2点にまとめることができます。

　①AIやロボットが人の代わりにできる仕事

　②人よりもAIやロボットが行った方が正確で早く費用対効果に優れ
　　ている仕事

　この傾向のある職業が今後はAIやロボットに代替される可能性が高
いと思われます。すでにオフィスにおいては，RPA（事業プロセス自
動化技術）化やクラウド化によって以前ほど事務員を必要としなくなっ
ています。今後はさらにAIが入り込むことで，事務作業のかなりの部
分が機械化されるのは必至でしょう。また，事務職以外も徐々にAIや
ロボットに代替されていくものと考えられます。

　この流れに対してわれわれはどう対処したら良いのでしょうか。AI
やロボットとの共存がもっとも現実的な答えになると考えます。

AIとの共存方法

　われわれは，「AIによって人の仕事が代替される」と聞くと，とかく
下の図のようにイメージしてしまいます。徐々に人の仕事をAIが奪っ
ていき，最後にはすべてAIが行うイメージです。

AIが、人を単純に代替するモデル

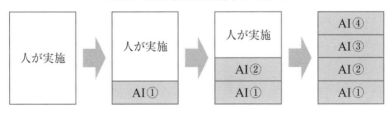

出所：野村総合研究所『AIと共存する未来〜 AI時代の人材・組織〜』

　しかし，このイメージはあまり現実的ではありません。もし，こんな
ことがあったら，その会社は現在の仕事をただAIに切り替えるだけで

何も新しいことを生み出さないことになるからです。今の仕事のやり方が永久に続くのであれば別ですが，そういうことはまず起こりません。企業経営というものは常に変化への適応なので，人がやらないとならない業務はかならず一定以上あるはずです。

　ちなみに，AIの利活用を検討するにあたり，「AIにできないこと」を理解したほうがよいでしょう。一橋大学大学院の一條和生教授は，AIには私たちが長年経験を積んで得てきた高度な暗黙知としての「常識」が無いと言います。「常識」というのは，われわれの身体に植え付けられた高度な暗黙知のひとつで，たとえば倫理に関わる高度な判断力などを言います。先ほどの「代替可能性が低い職業例」を見ても，AI後も生き残る職種はどれもこれも暗黙知を形式知化するものばかりです。ここに人がやるべき仕事のヒントがあります。

　では，実際のところどのように職場へのAI化は進むのでしょうか。野村総合研究所の同報告書では，それについてもイメージを示しています。AIでもできるルーチンワークを徐々にAI化しながら，新たな付加価値業務を見つけ出し，そこに社員を配置していく流れです。

AIを使いこなし、ヒトならではの業務にシフトするモデル

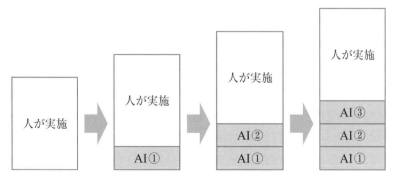

出所：野村総合研究所『AIと共存する未来〜AI時代の人材・組織〜』

　もちろん，この図のとおりに進むのだから安穏としていて大丈夫，と
いうわけではありません。ひとりひとりの変化に対する適応が求められ
ています。問題は今までルーチンワークをやっていた社員は，「AI後，
どんな業務を行ったらよいのか」でしょう。下の図のように，AIに負
けない優秀な者だけしか生き残れなかったら，世の中は失業者だらけに
なってしまいます。

AI時代の人材評価の考え方（AIによる代替の場合）

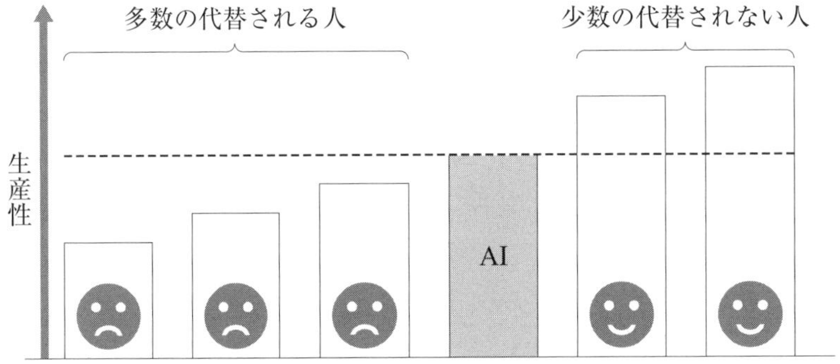

　多数の代替される人　　　　　　　　少数の代替されない人

生産性

AI

出所：野村総合研究所『AIと共存する未来〜AI時代の人材・組織〜』

　上の考え方は，生産性の面でAIより優れているか劣っているかで生
き残れるかどうかを判断しています。しかし，実際はこうならないと考
えます。
　現在，市場に出回っている商品のほとんどは供給過多だと言われてい
ます。その供給過多の商品の生産性をどんなに向上させたところで売れ
なければ意味がありません。需要を創り出す人がいなければ，AIやロ
ボットの性能がいくら上がっても企業の付加価値向上には寄与しないの
です。
　では，どうやって需要を創り上げたらよいのでしょうか。新しい価値

はどうやって創り上げればよいのでしょうか。

　もちろん新しい需要や価値を創り出せるのは「人」だけです。AIは，ビッグデータ解析などで需要のヒントを与えてくれるツールにはなりますが，それはヒントであって需要そのものではありません。

　AI化後の社会においても，何をやるのかを決め，人を動かすのは，人の役目です。

　下の図はAIとの共存のイメージです。ここでは，AIやロボットは知識やスキルを補完する役目であり，決して業務を代替するようにはなっていません。

AI時代の人材評価の考え方 (AIとの共存)

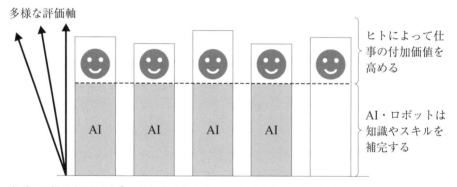

出所：野村総合研究所『AIと共存する未来〜AI時代の人材・組織〜』

　AIとの共存を図るばあい，留意すべきは，人の持つ多種多様な資質（強み）を生かす視点を持つことです。経営方針の策定や実行の際，何をするのか，誰がするのかは，その組織に所属するメンバーの個性次第となります。

　たとえば，社交性を強みとする人がいれば，AIを活用した新しい知

識を顧客に伝える役割が期待できます。

　着想豊かなアイデアマンなら現実の課題を解決するために，AIを活用した仮説設定をするかもしれません。

　共感力が強みの人なら，今まで以上に接客力をアップするためにAIを活用することが考えられます。

　このようにAIと共存する人材活用の方が，生産性の低い人からAIに代替される考え方より，現実的であると考えます。

　また，われわれも，このような認識でいた方が，AI化後の社会に向けて準備ができるのではないでしょうか。

第2節
自律型組織とは何か

1. 自律型組織の経営理念

本書における自律型組織の定義

自律型組織とは「経営理念を拠り所に社員ひとりひとりまたはチームが各々現場で判断して行動する組織」です。自律とは自分自身で立てた規範に従って行動することを言います。自律型組織では，経営理念という目的を達成するために社員自らが規範を立て，そしてその規範に沿って行動します。自律型組織に統一された定義はありませんが，本書では「自律型の経営理念」「自律型人材」「自律型の組織運営」の3点を自律型組織の特徴をとし，この3点が揃っている組織を自律型組織とします。

本書における自律型組織の3要素

- 自律型の経営理念
- 自律型人材
- 自律型の組織運営

自律型の経営理念と従来型の経営理念の違い

まず自律型の経営理念ですが，本書では経営理念を「ミッション」「ビジョン」「バリュー」の3つの視点に分けて考えます。ミッション，ビジョン，バリューについては第2章でも述べますが，ここでは従来型組織との比較とともに簡単に触れておきます。

自律型の経営理念と従来型の経営理念の違い

	自律型	従来型
目的理念	ミッション（存在目的）	社是，創業の精神，トップの考える「こうあるべき」を表した言葉
長期目標	ビジョン（5〜10年後の姿）	中長期の経営目標（数字中心）
行動理念	バリュー（行動指針）	社訓，行動規範

　日本の会社にとってなじみのある経営理念は社是・社訓型だと思います。このタイプの経営理念は，創業の精神のように過去の伝統・教え（社是）と行動規範（社訓）でできています。何代にもわたり，地域社会や地域経済に貢献してきた歴史をつなぐことが，今を任されている経営者の使命であり，そこに未来もあるという考えがあります。どちらかと言えば過去志向の面があります。

　これに対して自律型の経営理念は未来志向と言えます。ミッションは遠い未来を見据えており，ビジョンはミッション実現のためのマイルストーン的な役割を持っています。

　もちろん，社是・社訓型が時代遅れだとか，ミッション・ビジョン型が良いとか，そういうことが言いたいわけではありません。経営理念とは「自社は何のために存在しているのか」といった自社の存在意義ですから，自社に合った理念を持つことが大切です。何十年も前からある社是・社訓が，社員や顧客の安心感や信頼感につながっているなら，わざわざ刷新する必要はありません。経営理念の見直しは，外部環境の変化などで目指す方向が大きく変わったときに行います。

2. 自律型人材

自律型人材と従来型人材の違い

次に自律型人材ですが，従来型人材との比較で理解することが速いと思います。両者の違いを「キャリアの主体」「価値観」「成功尺度」「現場の意思決定」「対人スキル」「求められる人物像・スキル」で比較してみます。

自律型人材と従来型人材の違い

項目	自律型人材	従来型人材
キャリアの主体	個人	組織
価値観	自由，成長	昇進，権限
成功尺度	心理的成功	地位，給料
現場の意思決定	現場で判断	上司が判断
対人スキル	共感・自己一致	礼儀作法
求められる 人物像・スキル	キャリア自律 社会人基礎力	規律性 業務遂行能力

もし，あなたが自律型組織を見学したら，まず驚かされるのは自律型人材の自発性だと思います。その自律型人材のひとりがあなたに会社内を案内してくれたとしましょう。しばらく一緒にいるうちに，その案内は誰かの命令でやっているのではなくその人物が判断してやっていることに気づくはずです。

自律型人材は，状況をとらえ臨機応変に次の行動を考えだします。たとえば，会社内の案内だったのに，いつの間にか会社の外に出て，地域の案内に変わり，そこで地域の名産品や面白い人物を紹介されるといった感じです。その自由さに，あなたの方が「この人，こんなことやっていて上司から怒られないのだろうか？」と心配するくらいでしょう。も

しかしたら，あなたはその裁量権の大きさに，彼を相当役職の高い人ではないかと思うかもしれません。しかし，予想に反して平社員だったりします。自律型人材には，おおむねこのような特徴があります。

　もちろん，自律型人材と言っても，いろいろな性格の持ち主がいますから上記のようなサービス精神のある人ばかりではありません。内省的な人もいれば，慎重な人もいます。また，アイデアマンもいれば，分析思考の強い人もいます。みなそれぞれ異なる行動を取るはずです。

　しかし，どんな個性の持ち主であろうと，自律型人材の「自分らしさを大切にする」という特徴は同じです。

　自律型人材について，まず注意しなければならないのは，彼らにとってキャリアの主体は，あくまで自分ということです。「心理的成功」のためにその会社に所属しています。このようなキャリア意識のことを「キャリア自律」と言うのですが，これが自律型人材の特徴です。

　自律型人材は，よく言えば主体的な人かもしれませんが，悪く言えば，会社の思うようにならない扱いづらい人です。従来型組織だと，取締役としてならともかく，部下としてどう扱っていいのか迷うかもしれません。逆もしかりで，自律型人材は自分の能力を活かせるのは自律型組織だと分かっていますから，従来型組織への入社はあまり積極的ではありません。このように自律型人材と従来型組織の間には，お互いが求めていることにギャップがあります。ですから採用の際お互いにミスマッチが起こらないように気をつける必要があります。

　しかし，この後詳しく説明しますが，今や会社の方が働き手から選ばれる時代です。自律型人材の視点から自社の経営を考えないと，求人を出しても誰も集まらない会社になりかねません。会社は持続可能な経営のために，自律型人材を活用する方法を模索する必要があります。

社会人基礎力について

　上記の表「自律型人材と従来型人材の違い」の中に，「社会人基礎力」という言葉が入っていますので，ここで社会人基礎力について触れておきたいと思います。

　社会人基礎力とは2006年に経済産業省が提唱した職場や地域社会で多様な人々と仕事をしていくために必要な基礎力です。「前に踏み出す力」「考え抜く力」「チームで働く力」の3つの能力に分類された12の能力要素で構成されています。

社会人基礎力

前に踏み出す力	主体性	物事に進んで取り組む力
	働きかけ力	他人に働きかけ巻き込む力
	実行力	目的を設定し確実に行動する力
考え抜く力	課題発見力	現状を分析し目的や課題を明らかにする力
	創造力	新しい価値を生み出す力
	計画力	問題の解決に向けたプロセスを明らかにし準備する力
チームで働く力	発信力	自分の意見をわかりやすく伝える力
	傾聴力	相手の意見を丁寧に聞く力
	柔軟性	意見の違いや立場の違いを理解する力
	情況把握力	自分と周囲の人々や物事との関係性を理解する力
	規律性	社会のルールや人との約束を守る力
	ストレスコントロール力	ストレスの発生源に対応する力

　この社会人基礎力は「第4次産業革命」や「人生100年時代」を踏まえ2018年に見直されました。これまでの社会人基礎力に加え「学び」「統合」「目的」の3つの視点が加わり，名称も「人生100年時代の社会人基礎力」となっています。

人生100年時代の社会人基礎力3つの視点

学び	学び続けることを学ぶこと
統合	自らの視野を広げて，自己の多様な体験・経験や能力と多様な人々の得意なものを組み合わせて，目的の実現に向けて統合すること
目的	自己実現や社会貢献に向けて行動すること

　これら3つの視点を持ち，自らの能力を高めていける人材のことを自律型人材と言ってもよいでしょう。

3. 自律型の組織運営

自律型と従来型の組織運営の違い

　もし，完全な自律型組織があるとしたら社長は必要なくなります。なぜなら，自律型組織は，経営理念が会社の進むべき方向を示し，自律型人材がその方向に自律的に会社を運営するので，社長の出番はほとんど無いからです。事実，ティール組織と言われる自律型組織の最終形態を採用している会社では，社長の役割は限りなく抑えられています。

　もちろん現実は違います。現在の日本では代表者のいない会社にすることはできません。会社法，税法，労働法等で定められたトップの責務があるので会社に代表者（社長）は不可欠です。また，取引先や金融機関との関係もあるので，誰かひとり最終責任を負う者がいなくてはなりません。

　しかし，自律型組織を目指すにあたり，「社長がいなくても成長し続ける組織は可能か?」という問いは，一度は考えた方がよいでしょう。そこから考えはじめることで，自律型の組織運営に対する理解が深まると思います。

　ここで一般的な自律型組織のトップの役割や権限委譲の範囲など，組

織運営の形を紹介します。自律型と従来型の組織運営の違いは次の表のとおりです。

自律型と従来型の組織運営の違い

	自律型の組織	従来型の組織
組織構造	フラット	ピラミッド型
権限委譲の目的	スペシャリスト化	ゼネラリスト化
リーダーシップスタイル	委任型，援助型	指示的，コーチ型
トップの役割	自律型組織慣行の維持	経営の意思決定
マーケティング	自己実現志向	顧客志向
コミュニケーション	共感，自己一致	規律，礼儀作法
目標管理・評価	自分で目標設定，評価は周囲	目標はトップダウンに設定，評価は上司

　上の表のうち，「権限委譲の目的」「経営者のリーダーシップスタイル」「マーケティング」「コミュニケーション」について説明します。

自律型組織における権限委譲

　従来型組織における権限移譲は，多能工化やゼネラリスト化（職務拡大）でした。10年20年かけていろいろな業務を経験させ，会社業務全体を理解する人材を育て上げることに重点が置かれていました。大量生産大量販売時代は今ほど仕事が高度分業化・細分化されていなかったので，このような人材育成が可能だったと言えます。

　しかし，現在は仕事が高度分業化・細分化されていますので，ゼネラリストが頑張れば何とかなるという時代ではありません。専門性の高い人材がプロフェッショナルとして主体的に動ける組織にならないと持続可能な経営を実現することができなくなっています。

　これに加えて，雇用の流動化という面からもゼネラリスト化は難しく

24

なっています。終身雇用制度の崩壊により，時間をかけてゼネラリスト人材を育成することは現実的ではなくなりました。働き手側においても，生涯のうちに何度も会社を変えることが前提になったので，どこでも通用する専門性を磨くことを重視するようになっています。

　これらのことから自律型組織の権限移譲はスペシャリスト化を目的としています。

自律型組織のリーダーシップスタイル

　SL理論と呼ばれるリーダーシップの区分によると，リーダーシップスタイルは「委任型」「援助型」「コーチ型」「指示型」に分けられます。

SL理論「4つの基本的リーダーシップスタイル」

（高）↑ 援助的行動 ↓（低）	【援助型】援助的行動が多く，指示的行動は少ない	【コーチ型】援助的行動が多く，指示的行動も多い
	【委任型】援助的行動が少なく，指示的行動も少ない	【指示型】援助的行動が少なく，指示的行動が多い

（低）←指示的行動→（高）

　従来型組織では，「命令する人」と「命令される人」が明確に分かれています。トップはその命令階層の最上位に位置しているので，必然的にリーダーシップスタイルは「指示型」となります。また，ミドルも基本的にトップと同じ「指示型」か「コーチ型」で部下を統制します。

　これに対して自律型組織では，ミドルが組織の中心となり，人材を援助しながら自律型の組織運営をします。この組織では，トップは現場で意思決定できることは権限委譲していますので，リーダーシップスタイ

ルは「委任型」です。そしてこの組織での「ミドル」は「援助型」を取ります。

自律型組織のマーケティング

　従来型組織の視点では，組織運営とマーケティングは別概念であり，それぞれ独立して考えられてきました。しかし，自律型組織においてはこの二つの概念は分けて考えません。組織運営とマーケティングはどちらも人のニーズ・ウォンツをかなえることが目的であり一体的に考えます。

　この考え方を最初に示したマーケティング学者のフィリップ・コトラーはマーケティングの進化段階を次のように表現しています。

【マーケティング1.0〜4.0】
●マーケティング1.0（1900〜1960年代）：製品志向 ●マーケティング2.0（1970〜1980年代）：顧客志向 ●マーケティング3.0（1990〜2000年代）：価値志向 ●マーケティング4.0（2010年代〜）：自己実現

　マーケティング4.0の時代である現在，顧客も自社の社員もどちらも自己実現が目的なので，どちらが売り手か買い手かの区別はあまり意味をなさなくなっています。上記のマーケティング1.0〜4.0をマズローの欲求5段階説に当てはめると次のように整理できます。

　次ページ「マズローの欲求5段階説とマーケティングコンセプト」の図のとおり，自己実現欲求は成長欲求に分類されます。マーケティング4.0においては，社員，顧客，どちらの行動も自己実現を目的にしています。社員は，上司の命令ではなく自らの考えで仕事を行うことを重視し，顧客は，このような主体的な社員を好みます。このような関係性を

マズローの欲求5段階説とマーケティングコンセプト

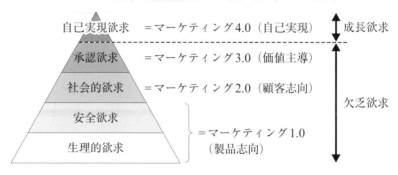

マーケティング用語でインタラクティブマーケティングと言います。

　従来型組織はエクスターナルマーケティングが中心でしたが，自律型組織では，上記の図のようなインターナル（対内的），インタラクティブ（双方向）の関係性（リレーションショップ）を重視します。会社はインターナルマーケティングとして自律型人材の育成や支援を行い，その自律型人材は，進んで顧客とのインタラクティブマーケティングを行います。

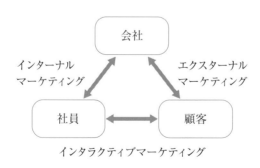

インタラクティブマーケティング

自律型組織のコミュニケーション

　従来型組織のコミュニケーションは，指示・命令と報告・連絡・相談で成り立っています。縦方向のコミュニケーション主体です。

　これに対して，自律型組織では，それぞれの現場がそれぞれ意思決定するので，指示・命令は必要なくなり，報告・連絡も限られた範囲になります。その代わりに横方向のコミュニケーションが重視されます。進んで同僚や上司とコミュニケーションをとり，課題解決などを話し合うことになります。

　具体的なコミュニケーション手法については次章以降で書きますが，自律型組織では，形式的な会議は必要なくなるのに対して，本音を語り合うようなミーティングが頻繁に行われます。

第3節
2代目3代目の経営にこそ自律型組織が必要

1. 事業承継を契機に経営革新できた企業の特徴

事業承継後，経営がうまくいかなくなる理由

　事業承継後において問題になるのは，後継者と先代経営者でリーダーシップスタイルにギャップがあるばあいです。特に先代経営者がトップダウン型のワンマン経営を行っていたばあい後継者は苦労することが多いようです。

　多くの後継者は先代経営者が築き上げたトップダウン型の組織構造をそのまま引き継ぎます。自分の色を出すことを控え，これまでのやり方に合わせようとしますが，これがなかなかうまくいかないようです。

　たしかに，先代経営者のやり方をそのまま踏襲すれば，会社の仕組みを変えずに済むので組織のストレスは最小限に抑えられます。そして後から後継者の意向をうまく組織内に組み込むことができれば円滑に事業承継が進むと思われます。しかし，後継者の思惑どおりに進む事業承継は希です。その理由として次の5点がよく見受けられます。

【事業承継がうまく進まない理由】
1. 先代経営者と後継者で性格が異なることからリーダーシップスタイルも異なってしまい，社内が混乱することがあります。
2. 後継者が一部の業務しか経験していないため，特定の業務に対する理解が乏しく，その部門に反発心が生じることがあります。
3. 事業承継をし終わってから，先代経営者の経営デザインが時代遅れであったことが露わになり，後継者が混乱することがあります。

4. 事業承継とともに，社内の世代間対立，部門間対立が顕在化することがあります。
5. 外部環境の変化が激しく事業承継対応だけでなく経営革新も着手しなければならず，後継者は優先順位をつけられず混乱することがあります。

　当たり前かもしれませんが，先代経営者と後継者の性格は異なります。正反対と呼ばれる性格であることも珍しくはありません。まったく性格が異なるのに同じリーダーシップスタイルは取れません。

　たとえば，先代経営者がバイタリティ溢れるカリスマタイプで，後継者が内省的で思慮深いタイプのばあい，同じリーダーシップスタイルを取ることはまず無理でしょう。性格的に似合わないリーダーシップスタイルは，本人も苦しいし，社員から見て痛々しく見えます。

　先代経営者が創業社長だったばあい，リーダーシップスタイルのギャップは通常の事業承継より強く現れることがあります。

　創業社長は，すべてをゼロから立ち上げた経験の持ち主なので会社経営については網羅的に把握しています。また，創業社長は強い個性の持ち主であることが多く，数々の修羅場をくぐりぬけてきた経験から，社会や経済に対する特別な問題意識や，直感的に機会や脅威をかぎ分ける能力も持っています。

　これに対して後継者は，営業，生産，事務など，得意分野が一つか二つに偏っているばあいが多く，総合的な判断力はどうしても先代より見劣りしてしまいます。たとえ専務とか副社長といった役職を経ていたとしてもトップとナンバー２の認識の差は想像以上にあると考えてください。

　会社に相応の社歴があり，組織の熟度が高いばあい，もし，後継者が先代のような指示型リーダーシップを発揮できないなら，事業承継のタイミングで後継者は自分に合ったリーダーシップスタイルで経営デザイ

ンを刷新し，自律型組織へと転換したらよいでしょう。

後継者と社内の人間関係

　事業承継の際，社内の人間関係が大きな問題になることがあります。たとえば，先代経営者に可愛がられていた高年齢層と，若手との対立が，事業承継を境に顕在化することはよくあります。先代経営者が健在だった頃は，組織は一枚岩のように見えていたのに，後継者が社長になったとたん若手が後継者を担ぎ出し，経営改革をけしかけだすのはさほど珍しくはありません。先代経営者がワンマンだったばあいに発生しやすいように見受けます。

　このような状況の中，多くの後継者は先代のやり方とは異なる自分なりのリーダーシップスタイルを模索するようになります。

　しかし，長年にわたり築かれた強固なトップダウン型構造はなかなか変わりません。実力で後継者になった者ならまだしも，親族内承継のばあいはかならずしも実力が認められているわけではありません。一般の社員や取引先も，後継者がやろうとしている変革に積極的に参加するより，まずは様子を見ようとします。

　このようになかなかうまく行かない事業承継後の組織変革ですが，日本政策金融公庫の調査では，事業承継を契機に経営革新を遂行しつつ事業を発展させている中企業のケースがあります。調査の対象となった18社の事例の傾向は「開かれた経営」と「自律型社員の育成・活用」でした。

事業承継を契機に事業を発展させている中企業の傾向

開かれた経営	「方針等の明確化」「経営情報を数値化」「数値化された経営情報の社員などと共有」「重要な意思決定について共有化された経営情報に基づき会議等で組織的に決定」などを行っていました。
自立型社員の育成・活用	社員に任せることを信条とする傾向がありました。

出典：「事業承継にさいしての組織改革—中企業の事業承継におけるケーススタディ」
日本政策金融公庫（2011）

　この結果から分かることは，「方針の明確化」「情報開示」「権限移譲」「コミュニケーション」の大切さです。ここに後継者の経営スタイルがあると思われます。

トップダウンか？　ボトムアップか？

　人は指示命令をされればされるほど，指示命令以外の行動をしなくなります。これとは反対に，まったく指示命令をせずに放っておいたら，周りの様子を見ながら徐々に自分なりの行動をするようになります。この自分なりの行動のことを自発性と言います。ただし，目的の無い自発性は「自分勝手」と変わりません。やっている本人は自由気ままで楽しいかもしれませんが，会社のためになることはまずないでしょう。ところが，共有された目的があり，その目的達成のために自らの役割が見つかると，自発性は「自律性」と呼べるものに変わります。そして会社の発展に寄与するようになります。

　じつは，どんなワンマン社長であっても，社員が自律的に働くことを内心望んでいます。しかし，いつまで待っても社員が自律的にならないから，そのままトップダウンを続けています。そして「うちの社員は言われたことしかやらない」と嘆くのです。

　では，なぜ多くの社長は，トップダウンの慣習を捨てられないのでし

ょうか。

　言うまでもありませんが，トップダウンならではのメリットがあるか
ら，その慣習を続けています。

　トップダウン組織のメリットは「スピードとそれに伴う低コスト」で
す。このばあいのスピードは，現実のスピードと言うより，社長の目か
ら見たスピードなのですが，この解りやすさが，社長にトップダウンの
組織構造を手放すことをためらわせています。

　これに対して，ボトムアップ組織のメリットは，「自律型人材の育成」
です。ただし，トップダウン組織のように，メリットがすぐに現れる解
りやすさはありません。これが，ボトムアップ組織が今ひとつ浸透しな
い理由でしょう。

　ただし，これからの時代，画一的な商品・サービスは減り，需要は
「モノ」から「コト」へと移りますので，顧客接点にいる社員（現場）
の対応は，これまで以上に重要になります。また，社員の関心も自分自
身の自己実現なので，キャリア自律につながる働き方を求めるようにな
ります。これらのことから，人材育成につながるボトムアップ組織に対
する期待は高まると考えます。

　下にトップダウン組織，ボトムアップ組織，それぞれの特徴をまとめ
てみました。参考にしてください。

トップダウン組織の特徴

メリット	1.スピードとそれに伴う低コスト 2.組織としての一体感 3.先見性ある方針の遂行

デメリット	1.時間とともに社長を中心にした一体感が損なわれ，組織が硬直化する 2.隠ぺい体質に陥るリスクが高い 3.トップの独断と暴走の恐れ 4.事業承継がリスクになる恐れ
トップダウンが向くばあい	1.社長にカリスマ性がある 2.サービス内容が複雑でなくマニュアル化できる業種 3.事業が少なく，単一のサービスしかない企業 4.トップダウン志向のメンバー構成 5.創業時または明確なビジネスチャンスがあり，急いでブランディングを進めたい時期の企業 6.最低限の予算でなんとかしなければならない企業

ボトムアップ組織の特徴

メリット	1.自律型人材の育成とそれに伴うキャリア自律 2.現場での柔軟な顧客対応 3.社員同士の結束力と協働文化 4.事業承継がリスクにならない
デメリット	1.ボトムアップのメリットが現れるまで時間が掛かる 2.緊急時など，トップしかできない裁断のタイミングが遅れる 3.部門最適に陥り，小さな会社の寄せ集めのようになる 4.優秀な人材が不可欠
ボトムアップが向くばあい	1.現場での判断が重要な業種 2.現場での対応に社員の個性が活かされる業種 3.事業が多く，幅広く，トップダウンでは意向が浸透しづらい企業 4.社員教育や社風づくりにおいて，インナーブランディング（社員に向けたブランディング）が重要視される企業 5.成長期の危機を乗り越え予算とスケジュールに余裕ができた企業

　このようにトップダウン・ボトムアップ，それぞれメリット・デメリットがあります。どちらが優れているというわけでもありませんが，あえて言えば，創業期・成長期はトップダウン組織，それ以降はじょじょ

にボトムアップの要素を強化し，自律型組織へと転換するのが良いと思います。ある程度成熟した中小企業では，この後説明します多元型組織と言われるトップダウンとボトムアップを融合した自律型組織の形態が適していると考え，本書で勧めています。

2.事業承継後の組織転換

いきなりティール組織を目指すのは現実的ではない

「ティール組織」とは，フレデリック・ラルーの著書『ティール組織』で紹介された自律型組織の最終形とも言うべき組織モデルです。「ティール組織」は，現場にかなり大きな権限を委譲し，トップの権限は極小にまで狭められており，経営判断すら社員に委ねられています。その際，トップは助言できますが，その助言を受け入れるかどうかも現場が決めます。こうなるとボトムアップですらありません。ボトムアップは，組織の下から上に意見やアイデアが上がっていくことを言いますが，ティール組織は，現場で経営まで行うわけですから，ボトムアップもしていません。

ティール組織の3要件は，「セルフマネジメント（自主経営）」「ホールネス（全体性）」「存在目的」です。このうちの「セルフマネジメント（自主経営）」は文字どおり，自分たちで経営することです。たとえば，自分が必要と思うものを購入したり，予算をとったり，人を採用したりするとき，一人ひとりが自由に意思決定します。

たしかに，ここまで徹底すれば，組織の問題はほとんど払しょくされます。ティール組織の慣行を維持することで，社員の自発性も一体感も保つことができ，部門最適に陥るリスクを減らします。トップの権限がそもそも限られていますから，トップの独断と暴走も在り得ません。権

限が分散していますから現場が自己責任で隠ぺいすることはあっても組織で隠ぺいするリスクもありません。また，現場で意思決定するわけですから，上司に決済を仰ぐ必要がないので意志決定に時間がかかることもありません。

このようにティール組織では，従来型組織の問題がほぼ払しょくされますが，ひとつ大きな問題があります。構成員ひとりひとりが自律していないと，ティール組織は運営できないことです。

多元型（グリーン）組織について

これまでトップダウン組織だった会社が，いきなりティール組織になることは現実的ではありません。ただし，その経過段階とも言える多元型（グリーン）組織への変革なら，これまでトップダウン組織だった中小企業でも十分可能です。

ラルーによると，多元型（グリーン）組織の特徴は「価値観を重視する文化と心を揺さぶるような存在目的」「権限委譲」「多数のステークホルダーの視点を活かす」としています。すなわち，経営理念，権限移譲，ステークホルダー・エンゲージメントです。

多元型組織のキーマンはミドルです。ミドルによる援助的なリーダー

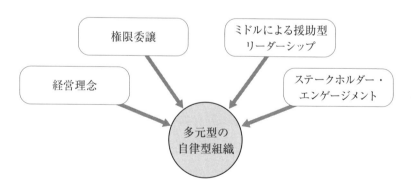

シップが組織を活性化し，人材を育成し，ボトムアップの流れをつくり上げます。

　多元型組織は実力主義に基づく階層構造を残しつつも，意思決定の大半を最前線の社員に任せます。「トップ」⇔「ミドル」⇔「現場」の構造の中で，現場は経営陣の承認を得ることなく重要な意思決定もミドルを軸とした現場チームが行います。

　多元型組織のミドルは，部下に耳を傾け，権限を委譲し，動機づけ，育てる援助的なリーダーシップを取ります。問題を公平に解決できるだけではだめで，育成の視点で部下に接します。この組織形態におけるミドルは，プロジェクトリーダーやプロデューサーのような役割となり，現場単位の多様な活動を束ねていきます。また，社員以外のステークホルダーとのコミュニケーションもミドル中心に進めます。

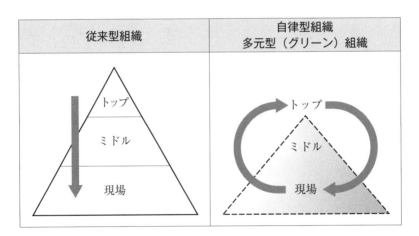

　多元型組織では，ステークホルダーとのコミュニケーションが重要です。ミドルを軸とした現場チームが，各ステークホルダーの利害や関心事項，企業活動のステークホルダーへの影響などを直接把握することで，ニーズに適した商品の提供や地域活動を主体的かつ迅速に行うこと

ができます。そのために，定期的に社会・環境的活動に対する意見を反映することを目的に様々なステークホルダーを集め双方向の対話を行うなどします。

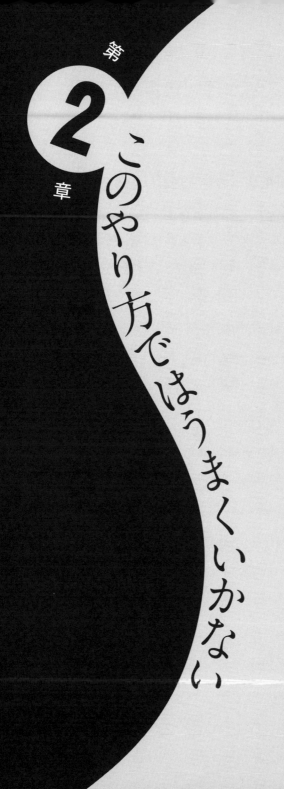

第2章

このやり方ではうまくいかない

第1節
経営理念を変えるだけでは自律型組織にはならない

1. 自律型組織と従来型組織の経営理念はまるで異なる

こんな経営理念を持っても組織は自律化しない

経営理念にどんな言葉が使われているかで自律型組織か従来型組織かが分かります。たとえば,「何事においてもチャレンジ精神を持って……」「お客様の気持ちに寄り添った……」「感謝の気持ちを忘れずに……」「進んで地域社会に貢献し……」といった言葉が使われていれば,十中八九,従来型組織でしょう。

これらの言葉はどんな会社でも使える言葉です。経営理念にこのような無難な言葉を使ってしまう背景には無難さをよしとする経営姿勢が読み取れます。実際はそんな会社ではないのかもしれませんが,どちらにしてもこのような経営理念のもとで働きたいと感じる人がどれだけいるのか疑問です。この経営理念からは,個性発揮より,礼儀作法や規律を評価する従来型組織の価値観しか伝わってこないからです。

極端なことを言えば,従来型組織に経営理念は必要ありません。特にワンマン企業のばあい,社長がすべての権限を持ちトップダウンで組織をコントロールするので,経営理念を必要とする場面がそもそもありません。もちろん,長年の経験によって培われた社長の想いを社員に伝えることは大切です。それにより組織が活性化し,社員のやる気が上がるのであれば成文化の意味もあります。しかし,社長の想いの強すぎる経営理念は,どうしても「上から目線」になりがちです。まるで訓示のような経営理念になってしまうと,ワンマンの社風をより強めることになってしまいます。

　ちなみに，ワンマン企業とは，社長が経営理念より上に君臨している会社のことです。見分け方は簡単で，社長が経営理念を破ったとしても，それをとがめる社員がいなければワンマン企業と言えます。このような経営理念を掲げた社長は，その理念を率先垂範しているかもしれませんが，かならずしも守る必要はありません。ワンマン企業における経営理念は，あくまでも，社員に向けて社長が掲げる一種の「訓示」なのです。

　もちろん，ワンマンだからダメだとか，訓示は必要ないとか，そういうことではありません。スタートアップのときはどんな会社もワンマンです。創業後しばらくは，社長の強力なリーダーシップのもと，社長の示した明確な目標によって組織の諸活動を統合し事業を軌道に乗せます。その時期の組織運営は社長の個人的特性で行われることで機能し，その一体感，意思決定の早さ，行動の早さが，スタートアップ時には必要です。

　ところがある程度組織規模や事業規模が拡大すると能率的な管理を目的とした規則・手続き，および専門スタッフの導入とともに組織の官僚化がはじまります。同時に「官僚制の逆機能」が発生するようになります。「官僚制の逆機能」とは規則や手続きの遵守や専門化が進むことにより顧客中心のサービスや現場での柔軟な対応が少なくなることです。この現象がさらに進むと規則を固守することが組織メンバーの目標に置換わります。その結果，組織全体よりも自部門の利益優先や自分の専門分野以外に対する無関心など，組織への悪影響が大きくなります。

　経営理念が必要になるのは，この「官僚制の逆機能」が現れた辺りです。

　このスタートアップ時のような一体感を失った組織を，社員の士気低下と勘違いし，引き締めのつもりで経営理念を掲げようとする社長は少なくありません。こうして先ほど「一種の訓示」と表現した経営理念は

作られます。

　しかし，このような動機で作った経営理念は，意図に反して，さらなる逆機能をもたらします。いくら言葉の上で「チャレンジ精神‥‥」「自主性の発揮‥‥」「自ら進んで‥‥」と書いてあっても，それが上から目線のものだったら，社員は書いてある言葉よりもワンマンの社風のほうに強く反応してしまいます。

組織が自律化する経営理念とはどういうものか

　では，自律型組織の経営理念とは，どういうものなのでしょうか。従来型企業の経営理念とどこが違うのでしょうか。ここでは理屈を言うより先に実例を見た方が早いので，まずはGoogleの経営理念を見ていただきたいと思います。

【Googleのミッション】
世界中の情報を整理し，世界中の人がアクセスできて使えるようにすること
【Googleのビジョン】
ワンクリックで世界の情報へのアクセスを提供すること
【Googleのバリュー】
・ユーザに焦点を絞れば，他のものはみな後からついてくる ・1つのことをとことん極めてうまくやるのが一番 ・遅いより速いほうがいい ・ウェブ上の民主主義は機能する ・情報を探したくなるのはパソコンの前にいるときだけではない ・悪事を働かなくてもお金は稼げる ・世の中にはまだまだ情報があふれている ・情報のニーズはすべての国境を越える ・スーツがなくても真剣に仕事はできる ・「すばらしい」では足りない

出所：https://about.google/
　　　http://panmore.com/google-vision-statement-mission-statement　https://www.
　　　google.com/about/philosophy.html

　いかがでしょうか。私の気づいた範囲で言えば、Googleの経営理念には次の特徴があります。

①どこの会社でも使えるような言葉を使っていません。Googleとして必要とする言葉だけで作られています。

②訓示の形式になっていません。教条的でも、道徳的でもありません。

③ミッションは目的、ビジョンは目標の形になっています。

④バリューは、明確かつ分かりやすい言葉でできており、社員ひとりひとりの現場での意思決定の指針になっています。

　Googleに限らず、多くの自律型組織の経営理念は、ミッション、ビジョン、バリューでできています。チェスター・バーナードは、組織の3要素として、「共通目的」「貢献意欲」「コミュニケーション」を挙げましたが、組織化において、共通目的が中心的な役割を果たします。

バーナードの組織の3要素と経営理念の関係

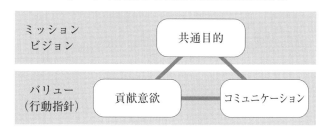

社員を巻き込まなければ自律型の経営理念は作れない

　第1章で書いたとおり、これから「人生100年時代」が到来します。人生100年時代は、生涯において何回も転職をする時代ですから、働き手は、5年後、10年後、職からあぶれないよう、できるだけ自分を成長させてくれる会社を選ぶようになります。

この傾向は，すでに現れています。最近の求職者たちは，まず経営理念を見て，次に社長の人間性を感じ取り，そして会社の雰囲気などをできる限り把握してから，就職先を選ぶようです。ブラックかどうかのチェックの面もあるのでしょうが，それよりも自分の将来を託せる会社かどうかを判断しようとしているのだと思います。

　では，どうやって社員から共感され，求職者へのアピール度も高い経営理念を作ることができるのでしょうか。詳しくはこのあとに書きますが，結論だけ先に言えば，社員とともに作ることが大切です。ただし，この話を社長にすると，次のような言葉が返ってくることがあります。

【経営理念を社員とともにつくると言った時の社長の主な反応】
●経営理念づくりにマンパワーを掛けるのは時間のムダ ●経営知識の無い者と話し合っても時間のムダ ●日ごろから文句ばかり言っている者の意見など聞く必要ない ●そもそもうちの社員に大した「考え」は無い

　他にもあるかもしれませんが，だいたいこのような感じです。経営理念の効果を知らないから，このような反応を示すのだと思います。

　まず，経営理念づくりにマンパワーを掛けるのは時間のムダという考え方は，正しくありません。経営理念は会社の方向性を絞り込むものですからむしろ経営の効率化につながります。

　それから，経営知識の無い者，文句ばかり言う者，大した考えなどないなど，このように社員に対する偏見を持つ社長はけっこういますが，これもあまり正しくありません。とかくわれわれは年下やこれといった肩書や学歴の無い者を軽くみるところがありますが，これらは心理バイアスなので，意識して手放さなければなりません。

　いずれにしても，上記のような偏見を抱えたまま，社長ひとりで経営理念を作っても，社員が共感するものにはなりません。かりにそれなり

のものができたとしても，社員を無視して作った経営理念は社員の「お
れ，聞いてないし」を招くだけです。そうならないためにはできるだけ
社員を巻き込まなければなりません。

2.経営理念は浸透しなければ意味がない

どうして開示できない経営理念があるのか

　言うまでもありませんが，せっかく作った経営理念を開示することな
く机の引出しの中や金庫にしまい込んでも意味がありません。という話
をすると「そんな社長なんていないだろう」と言われることがありま
す。しかし実際はけっこういます。私の経験ですが2〜3割の社長は経
営理念を作っても開示していないように思えます。

　経営理念を開示しない理由について何人かの社長に話を聞いたことが
ありますが，次のような答えを聞きました。

【経営理念を開示できない理由】
●社員から何を言われるのか分からないので開示できない
●社員から「こんなことを考えていたのか」と言われたら恥ずかしいので開示 　できない
●作ってはみたけど，会社の実態と合っていないので開示できない

　これら開示できない経営理念には「社長一人で作った」という傾向が
ありました。社長ひとりで経営理念を作ったということは，それだけ社
長は想いが強かったのでしょう。しかし，往々にして，社員に対する不
満足の裏返しのばあいもあります。「自分はこんなに強い想いを持って
いるのに，なぜうちの社員は分かってくれないのか！」という不満です。
もし，このような気持ちが少しでもあって，経営理念を作ったなら，社
員に見せられなくて当然かもしれません。

経営理念は社員とともに作るもの

　経営理念づくりの際，「社員の意見を取り入れる」と「社員とともに作る」はまったくちがうということを留意してください。

　「社員の意見を取り入れる」は，社長一人で作るのと同じです。気が向いたときに「お前どう思う?」と聞いたところで社員は本音を言いません。意見を聞いているのではなく，同意を求めていることは社員も見抜いているからです。

　これに対して，「社員とともに作る」は，プロジェクトを立ち上げて，社員中心に作ることです。社長は想いを語りますが，成文化の主体は社員のほうにあります。本書で推奨しているのは，こちらのやり方です。

　経営理念を社員とともにつくるメリットは次のとおりです。

【経営理念を社員とともにつくるメリット】
1.やり方次第で社員の共感する経営理念ができあがる
2.やり方次第で社員に浸透させる手間がいらない
3.社員の共感する経営理念は，社員ひとりひとりが発信者となるので，ステークホルダーや社会へも理念が広がる

　なお，どんなばあいも経営理念は社員とともに作らなければならないわけではありません。創業時や社長がカリスマ型経営者のばあいは社長ひとりで作った方がよいと考えます。「こういう会社にしたい」と言う強い思いがあるなら，そのインパクトを外に向けて発信すべきでしょう。強烈な個性を持つカリスマ型の経営者が作り上げる独特の経営理念には，その力が宿っています。

　ちなみに経営理念とは唱和させるものではなく語るものだと思っています。唱和することが悪いわけではありませんが，さいしょから社員の共感する経営理念をつくれば，あえて唱和する必要もなくなります。意思決定の場，営業の場，方針発表会の場などで，社員ひとりひとりが，

自分たちの経営理念をどう解釈しているのか，どう行動に結びつけているのか，自分の考えを語ることが他の社員やステークホルダーに対するこの上ない信頼関係をつくります。

第2節
従来型組織のままでは自律型人材は育たない

1. 人は育てようとして育つものではない

人を変えることはできない

たまにクライエントの社長から「うちの社員を変えてくれ」と依頼されることがあります。「自発性がない」「やる気がない」「言われたことしかやらない」などの問題を抱える社員を何とかしてくれという話です。

もちろん，社員の自発性を出すことは不可能ではありません。何らかのトラウマがあり自己効力感がひどく低下しているとか，ウツの一歩手前まで自己肯定感が下がっているとかでもない限り，組織さえ変われば，社員は自然に自発的になります。

ところが，こういう依頼のばあい，往々にして「組織は今のままで人だけ変えてくれ」と条件が付くから厄介です。組織に問題があるから社員はやる気を失っているのに，組織を変えずに人だけ変えてくれと言われても，無茶な話です。それでも受けることはありますが，組織が変わらずに，社員だけがやる気を出すと，今度は組織と社員が衝突してしまいます。それが原因で何人か辞めてしまった経験を私も持っています。

カナダの精神科医エリック・バーンは「他人と過去は変えられないが，自分と未来は変えられる」と語りました。これは人の「主体性」を分かりやすく説明しています。主体性とは簡単に言えば「人はロボットではない」ということです。すべての人は主体として生きているので，自分と同じ主体である他者をまるでロボット（客体）のように操作しようとしても，そうはいかないということです。

このように人は主体なので，本人の意思のとおりにしか動きません。

にもかかわらず多くの経営者はその意思自体を変えようとします。ときには経営理念を使い，ときには命令口調に，社員を変えようとします。「主体的に考えることを大切に‥‥」「自主自立の精神をもって‥‥」「何事も自発的に行い‥‥」といった言葉を経営理念に使うようだったら，その意図を振り返ってください。もし，支配欲から出た言葉であったなら，つくり直さなければならないでしょう。

ある自律型人材の話

エリック・バーンの言葉のとおり，「他人と過去は変えられないが，自分と未来は変えられる」としたら，自律型人材はどうやったら育成できるのでしょうか。

ある自律型組織の会社を見学したとき，入社半年後くらいの社員をインタビューしたことがあります。そのとき，彼は次のように話していました。

【ある自律型組織に入社して半年後の社員の話】
1. まず何をするのか会社からざっくりとしたレクチャーを受けた。
2. 入社2〜3日間は何をしていいのか分からなかった。ひたすら周囲の仕事を眺めていた。
3. 入社3日目くらいに，自分が役に立ちそうな部門へ行き「ここで働かせてください」と言って，その部門に加わった。
4. その部門のメンバーの実践場面を観察し，頃合いを見て見様見真似をやってみた。
5. しかし，実際にその見様見真似をやってみると，自分ではうまくできなかったので，同僚に相談しながら，自分のやりやすい方法を考えてみた。
6. その新しい方法を試してみた。
7. その結果について，相手の反応や意見を聞き，その反応や意見を踏まえ，内部の打ち合わせでメンバーと一緒に改善策を練った。
8. こうして仕事を覚えていった。

9. ときどきコーチ的な人が面談に来て，そこで自分のキャリア目標設定をサ
　ポートし，次のチャレンジなどの設定をともに行った。
10. 入社して半年経った現在，新しい事業を開発すべくメンバーとプロジェク
　トを立ち上げている。

　彼は，半年程度とは思えないくらい，自分自身の仕事を明確に持って
いるように見えました。どうして，彼がこんなに早く育成されたのか，
上記のインタビュー内容を整理すれば，以下の5つの循環プロセスにま
とめられます。

【ボトムアップ型OJTの循環プロセス】
1. 【観察】周囲を観察し自分のやり方を探る
2. 【チャレンジ】自分から仕事を見つけとりあえずやってみる
3. 【フィードバック】そのチャレンジについて周囲のフィードバックを受ける
4. 【改善・学習】上記のフィードバックに基づき改善策や学習計画を立てる
5. 【目標設定】ゴールを設定し再びチャレンジする

　これは一種のOJTと言えます。ただし，一般的によく見られるトッ
プダウン型のOJTではなく「自分から仕事を見つけていること」と「自
らフィードバックを受けていること」，この2点を特徴としたボトムア
ップ型のOJTです。
　なお，この会社では，コーチな役割の者がときどき現れ，目標設定し
チャレンジを促す仕組みがありました。組織の中に自律型の慣行が根付
いているということです。自律型人材は自律型の組織運営によって育成
されます。
　ちなみにこの人材育成手法は従来型組織のままでは機能しません。従
来型組織が重視するものは，全社の売上，利益，シェア等，全社的な数
値目標の達成です。したがって，目標はかならずトップダウンで割り当
てられます。かりに社員ひとりひとりが目標を立てたとしても，それが

全社の方針に合っていなければ，修正を迫ることになります。

　話を基に戻します。私は，この事例企業だけでなく，いくつかの自律型組織の見学や社長の話を聞かせてもらったことがありますが，どの会社も次の3点を心掛けているように感じました。

①社員の心の拠り所となる経営理念を掲げる

②上下関係が少なく和気あいあいとしたコミュニケーションの慣行を保つ

③できるだけ権限委譲をする

　この3つの要素は，先ほど紹介しました「バーナードの組織の3要素」である①は共通目的，②はコミュニケーション，③貢献意欲に重なります。ここに自律型組織づくりの本質があると考えます。そして，同時に自律型人材の育成にも関係しています。

2. 育てるのではなく育つ仕組みを作る

人の育つ環境と育ちづらい環境の違い

　自律型人材が育つためには人が自律型人材に育つ環境が必要です。前項では，実際に自律型人材に育った事例を紹介しましたが，この彼がどうして半年で一人前に育ったかと言えば，事例の会社に入社したことが大きいでしょう。

　事例では，自ら仕事を見つけ，自ら職場に溶け込み，周囲の観察を行い，自分なりの手法でチャレンジし，進んで同僚からのフィードバックを受けられる仕組みにより彼は自律型人材へと育ちました。また，コーチ的な人とともに個人的な目標を設定したことも，成長を促したと思います。

　ただし，この仕組みならかならず人は育つというわけではありませ

ん。

　人が育つということは，内面が育つということです。環境をどんなに
整えたところで，当の本人がまるで成長意欲がなければ，人は育ちませ
ん。事例の彼も，自ら疑問を持ち，答えを求めて試行錯誤する主体性が
なかったら，ここまで短期間に成長することもなかったでしょう。

　じつはOJTがうまく機能するためには，育成される側（トレーニー）
の自問自答が不可欠です。「自分は何をやりたいのか?」「自分は何がで
きないのか?」「どうやったらできるようになるのか?」，これらの問い
を自分に向けられるようになってはじめてOJTは機能します。

　この成長課題が明確となった状態のことを，教育学では「発達の最近
接領域」といいます。これは，ロシアの心理学者レフ・ヴィゴツキー
（1896〜1934）が提唱した概念です。たとえば，小学生のころの逆上が
りなどを思い出してください。一人で練習していてもぜんぜんできなか
ったのに，誰かが「こうやるんだよ」という形におしりを持ち上げてく
れた途端，コツが分かり，一気に逆上がりができるようになった人もい
ると思います。このように自力ではできないけれど，誰かが後押しする
ことで一気に成長できる水準のことを発達の最近接領域と言います。

　OJTにおいては，トレーニーが，この発達の最近接領域にあるとき，
トレーナーからのフィードバックや，コーチ的な人物との適切な目標設
定などで一気に成長することがあります。どんなスキルも，自分一人で
できることばかりやっていたら上達しません。できないことをやるとき
は，できる人の手助けを受けることがもっとも効果的なやり方なので
す。

　ただし，逆上がりなら，誰がその領域にあるのか一目瞭然でしょう
が，仕事のばあいだと誰が発達の最近接領域にあるか見分けが難しいと
いう問題があります。そのためには，トレーニー自身が自分自身の状態

を自覚する必要があります。「自分は何をやりたいのか?」「自分は何ができないのか?」「どうやったらできるようになるのか?」など，これらを自問自答する必要があります。そうすることで，トレーナーとの対話が促進され，OJTはより効果的になります。

キャリア・デザインの視点

トレーニー自身が自分自身の状態を自覚する必要は，キャリア・デザインという側面からも必要です。

キャリア・デザインとは，個人のこれからの働き方・生き方に関する計画を立てることです。その進め方には様々ありますが，ただ「やりたいこと」から考えるのではなく，Will-can-must，この3つの視点から考えることが大切だと言われています。

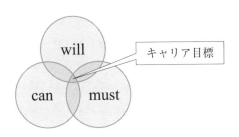

この手法を考え出したと言われているエドガー・H・シャインは，Will-can-mustに該当するものを「自覚された動機と欲求」，「自覚された才能と能力」，「自覚された態度と価値」と説明しています。そして「自分は本当のところなにをやりたいのか」「自分はいったいなにが得意か」「なにをやっている自分に意味や価値が感じられるのか」の3つの問いを自分に投げかけることによって，自分自身のキャリア目標がはっきりすると言います。

Will-can-mustフレームワーク

	Will	Can	Must
意味	自覚された動機と欲求（やりたいこと）	自覚された才能と能力（やれること）	自覚された態度と価値（やるべきこと）
キャリアの問い	自分は本当のところなにをやりたいのか？	自分はいったいなにが得意か？	なにをやっている自分に意味や価値が感じられるのか？
現場の問い	自分はなにをやりたいのか？	自分はなにができないのか？	どうやったらできるようになるのか？

　実は，先ほどの「自分はなにをやりたいのか？」「自分はなにができないのか？」「どうやったらできるようになるのか？」の問いも，Will-can-mustに該当します。シャインの問いが「キャリアの問い」だとしたら，こちらの問いを本書では「現場の問い」としておきます。

　組織の中で成長するためには上記の「現場の問い」をとことん突き詰めることが大切です。それを繰り返していくうちに「キャリアの問い」にも答えられるようにもなります。

　たとえば営業マンのばあい，商談の最中に上司から教わった決まったやり方を繰り返すのではなく，「自分はなにをやりたいのか？」という問いを常に持ち続けたとします。自分なりのやり方を試します。すると，「商談相手とどうやって信頼関係を築くか？」「どうやって本音を引き出すか？」「どうやって交渉を有利に進めるか？」などの課題が見つかり，自分を試すことで，次第に自分らしい営業スタイルが見つかると思います。このような自問自答と試行錯誤を繰り返すことで，この営業マンは，その会社だけでしか通用しないスキルなどではなく，どこの会社に移っても通用するスキルを身に着けます。これを続けることがキャリア自律にもつながるのです。

第3節
こんな権限委譲では人材は自律化しない

1. キャリア自律につながらなければ権限委譲ではない

これからの時代の権限委譲

自律型組織にするためには，思い切った権限移譲が必要です。これまでトップが抱え込んでいた権限を移譲しなければならない理由は社員のキャリア自律を促すためです。キャリア自律とは，企業ではなく個人が自分のキャリアに興味を持ち，自律的にキャリア開発を行っていくことを言います。

終身雇用制度がしっかりしていたころの日本の企業では自分のキャリア形成を会社に任せていくのが普通でした。企業側には，育てたい人材のビジョンがあり，それに向けて社員を教育するシステムが構築されていました。社員側は，配属された部署で中枢を担う人材に育成されていきました。これにより社員は定年までは安定した収入を得られ，企業は長期的な視点で人材を育成でき業務の経験値が高い従業員を確保することができたのです。

しかし，終身雇用制度が崩壊しつつある現在，自分のキャリアを会社に任せられなくなっています。言い方を換えれば，自分の将来のことは自分で考えなければならなくなっています。こうして書くと，いたって当たり前の話にしか聞こえませんが，これからの時代は，働き手ひとりひとりが自分で自分のキャリアを作り上げなければ，将来，職にあぶれてしまう危機感を持っています。

したがって，社員は現場に配属になっても，そこで将来を見据えた探索行動をしようとします。聞きようによっては，すごく不謹慎な話に聞

こえるかもしれません。しかし，この探索行動が自分ならでも考え方を育み，人脈を作り，将来何者かになるための土台作りになります。

　キャリア自律は個人の問題でもあると同時に企業側の問題でもあります。これまでの会社の都合で作られていた人事の仕組みや教育の仕組みを，今度は個人の視点でキャリア・デザインやキャリア形成（キャリア・デザインを実行すること）の仕組みに転換しなければならなくなっています。そうしなければキャリア自律した優秀な人材を確保することはできません。

キャリア自律時代の会社と人材の関係

　一昔前，会社に入社したら社員は，まず訓練され，何年か経って仕事を覚えたら責任ある役割につき，その後は多少の出世はあるにせよ基本的にはその役割を維持し，そして定年退職しました。

　このステージの変化を，キャリア心理学者ドナルド・E・スーパー（1910〜1994）は5段階に区分しています。

スーパーのライフステージ・モデル

ライフステージ	職業的発達課題
成長期 （0〜15歳）	身体的成長。自己概念の形成が中心。興味や能力の探求が始まる。
探索期 （16〜25歳）	さまざまな分野の仕事やその必要要件を知る。徐々に特定の仕事に特化していき，そのための訓練を受け，その仕事に就く。
確立期 （26〜45歳）	ある特定の職業分野にしっかりと根を下ろす。その職業分野に貢献し，生産的に活躍し，より責任のある地位を求める。
維持期 （46〜65歳）	現在の職業的地位を維持し，若い世代に負けないように，新しいスキルを身につける。この時期の終わりに，退職に向けての計画を立てる。

下降期 （66歳～）	スローダウンし，少しずつ有給の雇用から遠ざかる。より余暇や家族，地域活動とのつながりのある新しいライフスタイルを始める。

しかし，これからはそんな単純なキャリア発達はありません。スーパー自身も，時代の変化に伴い，「成長期，探索期の後に確立期を少し経て，しばらくしてまた探索期に戻って新たな職業選択を行い，その職業で維持期に達しないことが普通になるかもしれない」と認めています。

たとえば，中年期に転職で新しい会社に入社した人であっても，最初は「成長期」であり，自分に課せられた役割を探索し「探索期」，そこで自分自身を確立し「確立期」，うまくいったらその役割を維持し「維持期」，次のステージに移行できる準備ができたときに離脱「下降期」をするなど，らせん型にキャリアを描くはずです。

このイメージは，人のアイデンティティ確立のプロセスに似ています。アイデンティティ形成は一律に段階的な成長をしていくというより

らせん式発達モデル

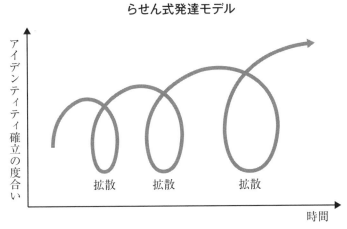

出所：岡本祐子「1994成人期における自我同一性の発達過程とその要因に関する研究」

は達成・モラトリアム・拡散の時期をらせん型に何度も繰り返しながら発達していくものと考えられています。生涯において何度も会社や職種を変える時代のキャリア形成のイメージと重なります。

　覚悟すべきは，これからの時代，年齢とステージがバラバラな人たちで，組織が構成される点です。ある人は30代だけど「維持期」，ある人は50代だけど「成長期」なんてことが当たり前になるかもしれません。

　このような時代において，はたしてどのような権限委譲をすればよいのでしょうか。

　少なくとも昔のように年功序列で権限・責任を付与することは現実的ではありません。30代の10年選手と50代の新人が混在しており，どちらが「成長期」で，どちらが「維持期」なのか見ただけでは区別がつかないからです。そもそも「維持期」の人材が「成長期」の人材を育て上げるという従来型の発想も見直さなければならないでしょう。

　この問題について人材をコントロールしようとする限り解決策は見つかりません。突き放したような言い方に聞こえるかもしれませんが，ひとりひとりの人材が「成長期」にあろうと「維持期」にあろうと，自分の力で自分の将来を描きそして行動するしかないのです。つまり，大胆に権限移譲して，それを見守るようにサポートすることが最善の組織運営になります。

2. 権限移譲が社員のやる気につながる

どうやったら社員のやる気は上がるのか

　「どうやってもうちの社員はやる気を出さない」とぼやく社長がいます。そんな人が本当にいるのかどうかはさて置いて，この社長は，やる気とは「自分の期待に応えるもの」と思い込んでいるふしがあります。

期待通りに動いてくれないのを見て，「この社員はやる気がない」と評価しているのです。

　「どうやっても‥‥」と語っていることからこの社長もかなり努力していることは察します。しかし，そのやり方が間違っているから，この会社の社員はやる気を出さないのです。そのことを社長が分かっていないのが残念です。

　多くの社長は間違った動機付けをしています。たとえば「やる気を出させるために給料を上げた」とか，「和気あいあいとしたコミュニケーションで社員のやる気を上げている」なんて話を聞くことがありますが，給料やコミュニケーションは減らすとやる気を失わせますが，たくさん与えたところでやる気は大して上がらない「衛生要因」です。

　たしかに衛生要因は，社員が「実力を認めてもらっていない」「この会社は業界平均以下だ」と認識してしまうと悪化し，辞める原因になるので，十分配慮しなければなりません。

　しかし，だからと言って「衛生要因が下がるとやる気がなくなるのであれば，衛生要因を上げればやる気も上がるだろう」という考えは，一部を除き正しくありません。給料アップでやる気が上がる人は，過去の成功体験の持ち主など，高い自己効力感の持ち主に限られます。

　社員のやる気を上げたいのであれば，「達成」「承認」「仕事そのもの」「責任」など，「動機付け要因」を高める必要があります。衛生要因は必要以上に上げても，やる気アップにはつながりません。

　これら「衛生要因」「動機付け要因」についてまとめたものがハーズバーグの2要因論です。次ページの棒グラフ「ハーズバーグの2要因論」をじっくり見てください。

　ハーズバーグの2要因論について簡単に説明しますと，まず満足を与える要因は，高いところから順に「達成・成果」「認識・承認」「仕事そ

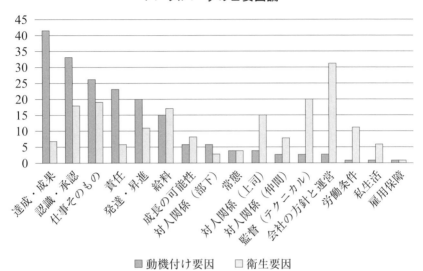

ハーズバーグの２要因論

出典：www.businessballs.com/herzberg.htm

のもの」「責任」「発達・昇進」となっています。

　これらから分かるとおり，権限移譲をすること自体，やる気に結びつきます。権限移譲とは，「仕事内容」「目標や達成度」「責任」を移譲することですから，ハーズバーグの「動機付け要因」とほぼ同じです。また，キャリア自律という観点では，発達（成長）・昇進も重要な「動機付け要因」です。

　もちろん権限移譲さえすれば，かならずやる気が上がるというわけではありません。衛生要因である「会社の方針と運営」「監督」「仕事そのもの」「認識・承認」「給料」「対人関係」の配慮を怠ると，やる気どころか退社しかねない事態にもなってしまいます。

なぜ社員は辞めてしまうのか

ある経営者団体での懇談会の話です。

社長5人で話し合いをしていたのですが，ある社長が「うちの会社は社員がすぐに辞めてしまう」とぼやきました。辞めた理由を聞くと，「その社員は，この会社にいてもキャリアが築けない」としか言わず，けっきょく本当のことを言ってくれなかったそうです。これを聞いたほかの社長たちは「そうだよなあ，辞める人間って本当のこと言わないよね。給料が安いとか，上司が気に食わないとか，本当のこと言ってくれればいいのに，辞める時まで遠慮するんだよね」と同調していました。

ハーズバーグの2要因論を知っていれば，その社員は遠慮などしておらず，「この会社にいてもキャリアが築けない」と本当の理由を語っていることが分かります。この社員の言葉に注釈をつけるなら，「この会社はキャリア自律の仕組みが無いので，ずっとここにいても自分は成長できない」ということでしょう。これは「会社の方針と運営」が気に入らないという意味でもあります。

繰り返しになりますが，衛生要因は，「会社の方針と運営」「監督」「仕事そのもの」「認識・承認」「給料」「対人関係」です。多くの社長は「給料」と「対人関係」だけが社員の辞める理由だと思い込んでいるようですが，2要因論の結果を信じるかぎり，この2つの影響はそんなに高くありません。それよりも次の3つが重要であることを示唆しています。

【ハーズバーグの2要因論から見るやる気をだす要因】
●社員の共感する方針（経営理念）を持ち，それに沿った運営をする ●監視型の上司の関わりを止め，達成や承認を重視する ●権限委譲し，社員が顧客に対して直接責任感を持って仕事を遂行できるようにする

これらはまさに自律型組織の在り方そのものです。自律型組織にすることは定着率アップにもつながると考えます。

第4節
このやり方ではコミュニケーションは
活発化しない

1. 心理的安全性とコミュニケーション

コミュニケーションのある場の特徴

　自律型組織の作り方として，第1節では経営理念，第2節では自律型人材，第3節では権限委譲について書きました。しかし，この3つだけでは「仏作って魂いれず」になってしまいます。コミュニケーションの慣習をつくることなしに自律型組織はあり得ません。

　コーチング，カウンセリング，ファシリテーションなど，コミュニケーション系のワークショップに何度か参加したことある方なら分かると思いますが，ワークショップ会場では見ず知らずの他人同士が1時間程で和気あいあいとなります。丸1日一緒にいれば帰りに飲みに行こうという話になることもあります。3日間くらいのワークショップになればへたしたら一生の仲間ができてしまうことすらあります。このくらいワークショップは，人間関係の構築に効果があります。

　これに対して四六時中顔を合わせているはずの社内の人間関係がイマイチなのはどうしてでしょうか。考えて見れば不思議な話です。同じ目的を持ち日々コミュニケーションを取り，貢献し合う関係のはずですが，どう見てもそのような良好な人間関係に見えない組織があります。これら組織の一体どこに問題があるのでしょうか。

　たしかに，一時的なワークショップと日常的な業務を行う組織とでは，時間の長さ，空間の制約，求められている作業内容など，まるで異なりますから，会社組織がワークショップのようにならなくても仕方ない面はあります。

しかし，自律型組織の多くが日常的にワークショップ的雰囲気なのも事実です。ワークショップ的雰囲気にはいくつかの要素があるのですが，自律型組織はこの要素をうまく組織内に組み込んでいます。コミュニケーション系ワークショップは，これら要素を意図的に組み合わせて作り上げています。その要素は次の4つです。

コミュニケーションのある場の特徴

心理的安全性の確保	何を言っても構わない雰囲気
自己開示	進んで自分を出そうとする意欲
他者受容	おしゃべりな人も無口な人も，分析的に考える人も共感を大切にする人も，どんな個性もそれにあった役割があるとする考え方
ファシリテーターの存在	上記の慣習を維持する人物の存在

人間関係の悪い組織には，上記の要素がありません。何となくギスギスしたムードがあり，自分を隠し，他者を認めず，常に十羽ひとからげで，対話を促進するような人物もいない，こういう組織に陥っています。

では，なぜこのような組織が未だにたくさんあるのでしょうか。おそらく人間関係の悪い組織は，20世紀のビジネスの価値観がそのまま続いていると思われます。大量生産大量販売時代のビジネスは，何が正しくて何が間違っているのか今よりはっきりしていたので，指示されたことを愚直に行う人が重宝されました。そして，指示型リーダーによるトップダウンの運営がもっとも効果的でした。本来なら21世紀に入り市場が複雑化したときに，組織もそれに対処すべきだったのでしょうが，相変わらずトップダウンのやり方で売上を維持しようとしたため，社員は疲れ，組織はギスギスしたものになっているのだと思います。

「心理的安全性の確保」がもっとも大切

　外部環境に適応していない組織は，往々にして「仮面をかぶる場」と化しています。経営者は社員が個性を発揮してしまうと事態が混乱し収拾がつかなくなるとでも思っているのでしょうか。一方，社員たちは，職場で本来の自分をそのまま出してしまうと，バカにされるか，出世に響くか，空気の読めない人だと思われることを恐れているのでしょうか。

　それでも誰も辞めず，生産性が高く，しかも人材が成長するのであれば，何ら問題はありませんが，多くの心理的安全性が損なわれている組織は，離職率が高く，生産性は低く，人材はあまり育っていないように見受けます。

　「心理的安全性」という言葉は，1999年，ハーバードビジネススクールのエイミー・C・エドモンドソン教授の論文によって提唱されました。これは，チームのメンバーがそれぞれ不安を抱えることなく，自分の考えを自由に発言できたり，行動に移したりできる状態のことをいいます。

　この「心理的安全性」が注目を浴びるようになったのは，グーグル社が2012年から2016年にかけて行った「プロジェクト・アリストテレス（Project Aristotle）」により「心理的安全性」の重要性が確認されてからです。ちなみになぜプロジェクト・アリストテレスなのかと言えば，アリストテレスの言葉「全体は部分の総和に勝る」から来ています。

　プロジェクト・アリストテレスの目的は，「効果的なチームを可能とする条件は何か」という問いの答えを見つけることでした。その結果，「チームを成功へと導く5つの鍵」と名付けられた5つの答えが発見されています。

プロジェクト・アリストテレス「チームを成功へと導く5つの鍵」

心理的安全性	チームメンバーがリスクを取ることを安全だと感じ，お互いに弱い部分をさらけ出せる状態
相互信頼	チームメンバー同士，それぞれが高いクオリティで時間内に仕事を仕上げると信頼している状態
構造と明確さ	チームの役割と短期目標や中長期目標が明確になっている状態
仕事の意味	チームメンバーにとって，この仕事には意味があると感じている状態
インパクト	チームメンバーにとって，この仕事には意義があると感じている状態

　グーグル社がこのプロジェクトを通じて得た結論は，「心理的安全性は成功するチームの構築に最も重要なものである」でした。

　グーグル社の調査によると，「心理的安全性」が高いとされるチームの特徴は，離職率が低く，他のメンバーのアイデアをうまく活用でき，収益性の高い仕事を行い，効果的に働くと評価されることが多いことでした。つまり，心理的安全性を確保することのメリットは，「離職率の低下」「創造性アップ」「生産性アップ」「社員の成長」です。

2. どうやったらコミュニケーションは活発化するのか

コミュニケーションを阻害する4つの不安

　どの会社の経営者も組織内にコミュニケーションが必要なことくらい理解しています。しかし，「あなたの会社はコミュニケーションが活発ですか?」と聞けば，「活発です」と答えられる経営者はそんなに多くありません。必要性を感じていながら，それをできないのは，やり方が分からないからです。そこで，人はどういうときにコミュニケーションするのかについて考えたいと思います。

　実は，組織内でコミュニケーションが行われないのも，「心理的安全性」が関連しています。プロジェクト・アリストテレスの結果によると，次の4点が組織内のコミュニケーション阻害要因になっています。

コミュニケーションを阻害する4つの不安

4つの不安	阻害されるもの
無知だと思われる不安	【質問・相談】相手から「こんなことも分からないのか」と思われるかもしれない不安を持つと，人は「質問」と「相談」をしなくなります。
無能だと思われる不安	【報告】相手から「こんなこともできないのか」と思われるかもしれない不安を持つと，人は「報告」しなくなります。また，ごまかすようになります。
邪魔をしていると思われる不安	【提案・アイデア】会議などでメンバーから「議論の邪魔をする人」と思われるかもしれない不安を持つと，人は「提案」や「アイデア」を出さなくなります。
ネガティブだと思われる不安	【意見・指摘】会議などでメンバーから，「あの人は消極的で否定的なことしか言わない」と思われるかもしれない不安を持つと，人は，慎重な「意見」や「指摘」を出さなくなります。

　もし，コミュニケーションを活発化させたいのであれば，この「コミュニケーションを阻害する4つの不安」を排除すべきです。具体的には，次の一覧表のように，「奨励すべき言葉」と「控えるべき言葉」を設定したらよいと思います。

コミュニケーションを活発にする方策

4つの不安	奨励すること	控えること
無知だと思われる不安	本来の自分らしさを進んで出す。	「こんなことも分からないのか」のような言葉が出たら注意する。

無能だと思われる不安	「教えてください」を奨励する。	「こんなこともできないのか」のような言葉が出たら注意する。
邪魔をしていると思われる不安	他愛もない「提案」や「アイデア」を奨励する。	「その話は必要ない」「横道に逸れている」「だから何?」のような言葉が出たら注意する。
ネガティブだと思われる不安	「慎重論」や「指摘」を奨励する。	「何をそんなに気にしているの?」「考えすぎじゃない?」のような言葉が出たら注意する。

全体性（ホールネス）を維持する慣行の大切さ

　上記の「コミュニケーションを活発にする方策」を維持するためには，それを慣行化し，組織の文化として定着させる必要があります。これについて，前述の『ティール組織』の中でラルーは繰り返し，その重要性を説いています。

　本書では，いきなり自律型組織の極め付けであるティール組織を目指すことは推奨しませんが，全体性（ホールネス）に対する考え方は参考になると思うので紹介します。

　全体性（ホールネス）とは，ティール組織の3条件①存在目的，②自主経営チーム（セルフマネジメント），③全体性（ホールネス）のひとつで，「自分をさらけ出すこと」または「そのための慣行」を意味しています。上記の「コミュニケーションを活発にする対策」はもとより，社員が自分らしさを全て会社に持ち込めるところまで徹底します。

　従来型組織では，仕事とプライベートで性格を使い分けることが普通です。職場では仕事用の仮面を身につけ，プライベートではその仮面を外します。なぜそれをするのかと言えば，本来の自分をさらけ出した

ら，会社内で同僚や上司から非難されるか馬鹿にされると恐れているからです。先ほど説明しました「心理的安全性」が損なわれた組織ということです。

　これに対して，ティール組織では，全体性（ホールネス）を確保するために，社員同士が自分の本来の姿を互いにさらけ出し，それを認め合う慣行を徹底します。たとえば，職場に子供を連れてくることを認めるとか，ペットを連れてくることを認めているティール組織があります。また，自分らしさを見つけるために瞑想やヨガのクラスを社員のために設け，自己内省の機会を与えているティール組織もあります。

　このようなことをしないと，全体性（ホールネス）は維持できないということなのかもしれません。「コミュニケーションを活発にする方策」は，それを行うことより，維持することの方がエネルギーを使いそうです。オフィスのインテリアやひとりひとりの服装など，何気ないことを意識し続けることが大切です。

第3章 経営デザインシートの作り方

第1節
どうやって経営をデザインするか

1. アイデアの出し方

アイデアは知識量と興味の度合い次第

　本章では，経営デザインおよび経営デザインシートについて書きます。経営デザインとは社員ひとりひとりの持つ暗黙知・形式知を知的資産と考え，これを組み合わせることにより企業の「これから」をデザインすることです。したがって，まず，社員が暗黙知を言語化（アイデア：着想）しないことには経営デザインは進みません。そこで，まずアイデアの出し方について説明します。

　アメリカの実業家ジェームズ・W・ヤング（1886〜1973）によると，アイデアには2つの原理があります。

　①アイデアとは既存の要素の新しい組み合わせ以外の何ものでもない。

　②新しい組み合わせを作り出す才能は事物の関連性を見つけ出す才能に依存する。

　要するにアイデアは知識の持ち主が集まらなければ生まれないということです。これだけだと身も蓋もない話に聞こえるかもしれませんが，ヤングの言っていることはいたって現実的です。ニュートンは「私がかなたを見渡せたのだとしたら，それはひとえに巨人の肩の上に乗っていたからだ」と語ったと言われていますが，アイデアは天才だけに降ってくる天啓ではありません。既存の知識の新しい組み合わせです。これまで培った知識を組み合わせれば，誰でも平等に作り出せるものなのです。

　たしかに，まったくの素人のアイデアからヒット商品が生まれること
があります。その意味では「知識とアイデアは別物」と言えるかもしれ
ません。しかし，これら思い付きのようなアイデアでも，それを拾い上
げ，ほかの知識と結びつける人がいなければヒット商品は生まれないで
しょう。多くの人が見逃すような些細な物事を見逃さず関係のありそう
な知識と結びつける人がいるから，素人の思い付きでもアイデアになる
のです。
　ヤングは「事物の関連性を見つけ出す才能」について後天的に伸ばせ
ると言っています。事物の関連性を見つけ出す才能とは，落語の大喜利
などで行われる「なぞかけ」のようなものです。「AとかけてBと解く
その心は?」と問い，まったく関係なさそうな事物との関連性を見つけ
るところは能力的に同じと考えられます。落語家は日々の観察や言葉を
組み合わせるトレーニングなどによって，この能力を磨き上げていると
いいます。事物の関連性を見つけ出す能力は，意識の持ちかたと日々の
観察行動次第で身に付きます。
　ブレイン・ストーミングをやると分かると思いますが，ある分野に精
通している人は，その分野に関する事物の関連性を見つける能力に優れ
ています。たとえばアニメオタクとブレイン・ストーミングをしたとし
ます。そこで彼らの好きなアニメネタでも出そうものなら，止めどなく
知識があふれ出ることでしょう。アイデアがでるかでないかは，興味の
度合いと，たくわえられた知識の量によって左右されます。

暗黙知をどうやって言語化するか

　アイデアは興味の度合いと知識量に左右されると述べましたが，ミー
ティングの場で，自分の興味や知識（形式知）ばかりを披露しても大し
たアイデアは生まれません。新しいアイデアとは，「対話」や「観察」

により異なる視点や観点に出会い，自分の中にある「暗黙知」に気づかなければ，表出することはありません。

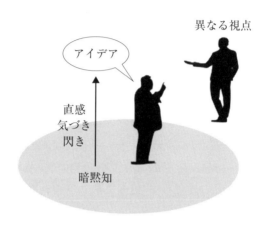

暗黙知とは，言葉では説明が難しいけれど体験的に身につけている知識のことです。たとえば，あるラーメン屋の店員は，来店客の入店したときの雰囲気で何を注文するのか察しが付くとしたら，そのノウハウは暗黙知と言えます。このように暗黙知は，その人特有の経験の中で熟成された知識なのですが，自覚できていない点が特徴です。

暗黙知はしばしば「センス」「感性」「直感」「第六感」と表現されることがあります。これらがそのままの形で表現できれば「芸術」と呼ばれることもあるでしょう。たとえば先ほどのラーメン屋の店員のノウハウが，言葉で説明できないけれど的中確率100％なら「芸術的」と呼ぶ人もいるかもしれません。

これに対して形式知は，言葉や数字に置き換えて誰にでも伝えることができるノウハウです。「科学」はその代表格です。たとえば先ほどのラーメン屋の店員のノウハウが，実は内緒で統計的な手法を使い傾向を

分析していたなら，この手法は科学です。

　このように経験によって積み上げられた暗黙知は芸術と呼ばれるものにもなりますし，科学と呼ばれるものになることもあります。どちらが向いているかは暗黙知の種類によるでしょうが，おそらくビジネスにおける暗黙知はできるだけ形式知化した方が良いと考えます。なぜなら形式知化は具体的な行動を生み出しますし，ノウハウの共有化にもつながるからです。そこから新たな暗黙知を醸成するサイクルも生まれることでしょう。問題は，どうやって暗黙知を形式知化するかです。

　暗黙知の形式知化において，大きな問題があります。それは社員が暗黙知の形式知化を嫌がることです。その理由として2つの心理がありま
す。

　まず「ライバルとの差別化のため，自分ひとりのノウハウとして抱えていたい」という心理があります。暗黙知は，その人だけの知識やノウハウですから，これをみんなが使えるようになったら，自分の独自性が損なわれるというわけです。ですから暗黙知の持ち主はマニュアル化など形式知化を嫌がります。

　もうひとつの理由として，「そもそも形式知化は無理だと思っている」ことが挙げられます。暗黙知とは，その人にとってセンスや感性，または身体で覚えた感覚ですから言語化できるとは思いもよらないのが普通です。ですから会社から「あなたのノウハウをぜひマニュアルにしたい」と言われても，端から無理だと考え断ってしまいます。

　これらが暗黙知の形式知化を阻む理由なのですが，リーダー自身が言語化を無理だと考えている場合があります。そうなると，形式知化がまったく進まないことになるので注意が必要です。

　したがって，本書を読んでいる皆さまには，暗黙知の言語化はそんなに難しくないことを理解してもらいたいと思います。たとえば，自転車

の乗り方は言葉では説明できないとよく引き合いにだされます。しかし，実際は自転車の乗り方を説明することはそんなに難しいことではありません。次のように形で自転車の乗り方は説明できます。

【「自転車の乗り方」の言語化例】

1. 自転車を垂直に立てて，左足は地面に，右足はペダルに乗っける。
2. 目線はできるだけ真っすぐ前に，そして体も斜めにならないようにする。
3. 右足を載せているペダルは，上方，垂直よりやや前方の位置に上げる。
4. そして，右足に力を入れてペダルを踏み込む。
5. ハンドルは右に倒れそうになったら右に，左に倒れそうになったら左に，少しだけ向ける。
6. 後は身体で覚える。

　上記の例では，最後に「後は身体で覚える」としていますが，これも含めて暗黙知の言語化です。この例のとおり暗黙知の言語化は可能です。イメージを思い浮かべながら説明することで言語化はできるのです。

　ただし，暗黙知の言語化を一人で行うのはけっこう大変です。慣れれば，そうでもありませんが，最初は自分の体験を客観視したイメージが思い浮かべられず苦労します。それまでは2人1組になり相手に言語を引き出してもらうのが良いでしょう。

【暗黙知を言語化する対話方法】

1. 相手に対して言語化したいことを質問します。たとえば「お客様との商談の際，どんなやり取りをしているのか教えてもらえますか」といった感じに聞きます。
2. 相手はそれに答えます。
3. その答えの中に過去の経験が反映されていると感じたら，それを引き出す質問をします。たとえば「そのときのお客様の反応ってどんな感じでしたか?」のように聞きます。

> 4.相手はその経験を内省しながら語ります。
> 5.その言葉を拾い上げ，言葉にしていきます。たとえば「そうですか，お客様
>   が目をつぶって腕を組んだら，良い方向に進んでいるサインなのですね」と
>   いった感じに言語化し，相手に伝えます。

　もしかしたら上記のような対話手法をまどろっこしく感じる人もいる
かもしれません。「最初から結論を言えばいいのに」と思う人も少なく
ないと思います。しかし，結論だけを聞こうとすればするほど，相手は
「結論らしきこと」を語って，それ以上の踏み込みをさせないようにし
ます。急がば回れ，ひとりひとりの経験を内省しながら語り合うこと
が，結果的に本当に大切なことを聞き出すことができます。

2.やっかいな問題の解決方法

ニューヨークを安全な街に変えた方法

　第1項はアイデアの出し方についての話でした。ここからは経営デザ
インのやり方について説明します。ただし，経営デザインを理解するた
めには，まず「やっかいな問題」と「アブダクション」と呼ばれる論理
的推論について理解してもらいます。その題材として，「ニューヨーク
を安全な街に変えた方法」について紹介します。

　1980年代のニューヨーク市はアメリカ有数の犯罪多発都市でした。
しかし，1994年に検事出身のルドルフ・ジュリアーニが市長になって
からニューヨーク市は治安回復し，安全な街へと変貌しました。それま
でのニューヨークが手のつけようのない犯罪都市であったことを考える
と奇跡のような話です。

　かつてのニューヨークの犯罪のように，さまざまな要因が複雑に影響
し合い，どこから手を着けていいのか分からないような問題のことを，

デザイン思考の言葉で「やっかいな問題」と言います。この言葉は
1973年にアメリカ人都市計画学者リッテルとウェーバーによって使わ
れだした言葉で，もともとは社会問題など，公共政策に関わる言葉でし
たが，アメリカのリチャード・ブキャナン教授による論文『デザイン思
考におけるやっかいな問題』から，デザイン思考とはデザインを通じて
人間の「やっかいな問題」を扱うものだという見解が広まっています。

【やっかいな問題の定義】
1.解決策を立案するまでは，問題がわからない。
2.やっかいな問題には最終的かつ正しい解決策がない。
3.やっかいな問題の解決策は正か誤かの二者択一ではない。
4.すべてのやっかいな問題は本質的に独特で新奇である。
5.やっかいな問題の解決策はすべて一回限りである。
6.やっかいな問題の解決策には，特定の代替案がない。

Conklin, Jeffrey（2006）

　さて，このような「やっかいな問題」に対して，ジュリアーニ市長が
どのように対処したのかを説明します。

　ジュリアーニ市長は当選すると「家族連れにも安心な街にする」と宣
言しました。これは一種のビジョンと言っていいと思います。

　つづけてジュリアーニ市長は「割れ窓理論」の考案者である犯罪学者
ジョージ・ケリングを顧問にしました。割れ窓理論とは，軽微な犯罪も
徹底的に取り締まることで，凶悪犯罪を含めた犯罪を抑止できるとする
環境犯罪学上の理論です。ケリングが考案した「建物の窓が壊れている
のを放置すると，誰も注意を払っていないという象徴になり，やがて他
の窓もまもなく全て壊される」との考え方からこの名がついています。
このケリングを理論的な支柱に添えたうえで，ジュリアーニ市長は治安
対策に乗り出します。

　ジュリアーニ市長の政策は「ゼロ・トレランス（不寛容）」政策と名

付けられ，警察職員を15％増員して街頭パトロールを強化したほか，落書きや違法駐車など軽犯罪の徹底的な取り締まりました。また，ポルノショップの締め出し，ホームレスを路上から排除するなどの施策も行いました。これにより1990年に2245人だった殺人被害者が，2016年に335人になりました。警官15％増で犯罪を7分の1にしたのですから奇跡のような話です。今ではアメリカの大都市の中で最も安全な治安レベルになっています。

　ではなぜ軽犯罪の取り締まりしか行っていないのに凶悪犯罪まで激減したのでしょうか。歴代の市長にしても凶悪犯罪に指をくわえて見ていたわけではなく相当な力を注いできたはずです。しかし解決できなかったばかりか，年々悪化していったわけです。このように一筋縄ではいかない問題がなぜ「割れ窓理論」により解決したのでしょうか。

　これについては様々な説明ができると思います。その中で「システム思考」による説明が解りやすいので紹介したいと思います。

　システム思考とは，要素と要素がお互いに影響し合う関係を説明する方法です。単純な因果関係は「原因⇒結果」のように一方的な影響でできていますが，社会や環境のように膨大かつ複雑な現象はこの思考では解けないばあいがほとんどです。このような現象をシステム思考では「ループ図」と呼ばれる図で説明します。ニューヨークの事例を表すと次ページ「ニューヨークの事例のループ図」のようになります。

　このループ図について簡単に説明します。

　まずループが2つありますが，左のループから説明すれば，「犯罪行為」が増えると「近隣地域の安心感」が下がり，すると「戸外で過ごす人の数」が減り，すると「大人の監視の目」も減り，ますます「犯罪行為」が増えるという意味です。

　右のループは，「犯罪行為」が増えると「割れた窓ガラス」が増え，

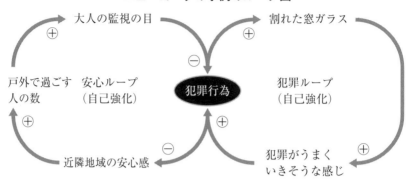

ニューヨークの事例のループ図

大人の監視の目   割れた窓ガラス

＋   ＋

－

戸外で過ごす   安心ループ   犯罪行為   犯罪ループ
人の数   （自己強化）   （自己強化）

＋   ＋

－   ＋

近隣地域の安心感   犯罪がうまく
いきそうな感じ

出典：『なぜあの人の解決策はいつもうまくいくのか?―小さな力で大きく動かす！
　　システム思考の上手な使い方』枝廣淳子・小田理一郎

「犯罪がうまくいきそうな感じ」も増え，結果ますます「犯罪行為」が
増えるという意味です。

　このループ図は，これら2つのループによって「犯罪行為」が止まら
ないことを現しています。

　われわれはこのような現象に出会うととかく「犯罪行為」そのものを
減らそうと躍起になります。しかし，このように循環構造になった社会
システムは直線思考（ものごとを原因と結果がとらえる考え方）で解決
しようとしても効果が得られないばあいがほとんどです。かつてのニュ
ーヨークも「犯罪行為」をいくら取り除いてもループ自体が残っていた
のですぐに元に戻ってしまいました。

　これに対してジュリアーニ市長はもっとも効果的にループ自体を弱め
る施策として「割れ窓理論」に基づく政策を行いました。具体的には軽
犯罪（ループ図では「割れた窓ガラス」としています）の取り締まりを
強化しました。これによって，ニューヨークはアメリカの大都市の中で
最も安全な治安レベルになったのです。

　では，ジュリアーニ市長はどのような発想でこの方法にたどり着いたのでしょうか。流れを振り返るとジュリアーニ市長は就任と同時に「家族連れにも安心な街にする」というビジョンを掲げ「割れ窓理論」のケリングを顧問にしています。このことからジュリアーニ市長は当初から頭の中に「軽犯罪を徹底的に取り締まればニューヨークは安全な街になる」という仮説があったと考えられます。このように仮説とその仮説を支える理論を同時に見つける推論法を「アブダクション」と言うのですが，ジュリアーニ市長はこのアブダクションにより政策を作り上げたと考えられます。

アブダクションによる意思決定

　アブダクションとは論理的推論のひとつで起こった現象を最もうまく説明できる仮説を形成するための推論法です。論理的推論には演繹法や帰納法が有名ですがそれ以外の方法として弁証法と今回紹介するアブダクションがあります。これら4つの論理的推論の特徴を以下の表にまとめました。

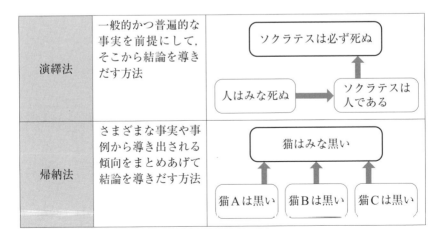

| 演繹法 | 一般的かつ普遍的な事実を前提にして，そこから結論を導きだす方法 | ソクラテスは必ず死ぬ／人はみな死ぬ→ソクラテスは人である |
| 帰納法 | さまざまな事実や事例から導き出される傾向をまとめあげて結論を導きだす方法 | 猫はみな黒い／猫Aは黒い　猫Bは黒い　猫Cは黒い |

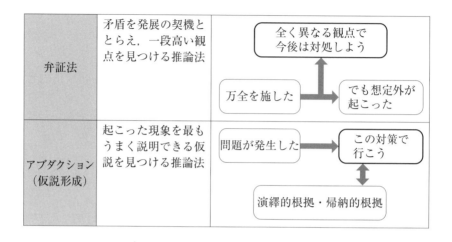

| 弁証法 | 矛盾を発展の契機ととらえ，一段高い観点を見つける推論法 | |
| アブダクション（仮説形成） | 起こった現象を最もうまく説明できる仮説を見つける推論法 | |

　ニューヨークの事例に限らずおおぜいの利害関係や人間関係がからむ問題は先ほど紹介した「やっかいな問題」です。つまり解決策のない問題です。ましてやVUCA時代においてはいたるところで「やっかいな問題」は発生するでしょう。もちろん会社経営も例外ではありません。

　このような「やっかいな問題」を解決しようとしたとき，演繹法や帰納法はほとんど機能しません。演繹法や帰納法は，言うなれば「過去こうだったから，未来はこうなるだろう」という過去を根拠にした推論法です。したがって未来を想定することには適しているとは言えません。

　これに対して「やっかいな問題」に求められていることは「今まで解決できなかった問題の解決策をどう創造するか」にあります。これに対処できるのはアブダクションだけではないでしょうか。もともと解決策の無い問題なわけですから仮説（目標）と根拠（理論）を同時に示すばやく試行錯誤することが最善の策ということです。アブダクションは必ずしも正しい解決策を導きだすものではありませんが，最善を尽くすためには向いていると考えます。

　アブダクションをつくりあげる際，仮説ならなんでも良いわけではあ

りません。理論的な根拠が必要なことは書いたとおりですが，それ以上に必要なものが「暗黙知」です。ジュリアーニ市長のばあい，市長就任前から犯罪を取り巻く循環構造のイメージが暗黙知としてあったはずです。ブルックリン生まれの彼は長年ニューヨーク市の状況に触れていたでしょうし，市長になるくらいですから高い問題意識を持って状況を観察していたでしょう。そして膨大な暗黙知が築かれていたと思います。この暗黙知が「割れ窓理論」が有効かもしれないという仮説に結びついたと考えます。

　ここでひとつ注意点があります。このような事例を聞くとき，われわれは行ったことと結果だけ聞いて単純な理解をしがちです。しかし実際は試行錯誤の連続だったと想像します。

　当たり前かもしれませんが，いくら方針がすばらしくても現場が機能的でないとうまく行きません。日本でも「割れ窓理論」を実践した事例はありますが実際の現場はどうだったかと言えば，目の前で起こっているさまざまな状況に対して，方針に照らし合わせながら現場が判断したと聞きます。つまりトップだけでなく現場もアブダクションを行ったのです。そしてその膨大な判断量がトップへフィードバックされ新たな方針に反映されました。これら現場とトップの有機的な作業が，やっかいな問題の解決につながったと考えます。トップも現場も暗黙知を活用することで「やっかいな問題」に対処できたのです。

3. デザイン思考

「デザイン思考」とは何か

　「デザイン思考」とはビジネス分野の「やっかいな問題」をデザイナー的思考法で解決することを言います。もともとデザイン思考という言

葉はデザイン工学や建築関係の言葉として使われていましたがアメリカのウェザーヘッドマネジメントスクールのリチャード・ブキャナンが1992年の論文『デザイン思考におけるやっかいな問題』を発表してからデザイン思考とはデザインを通じて人間の困難な課題を扱うものだという見解が打ち出されました。その後2004年にアメリカのデザインコンサルタント会社IDEO創業者デビッド・ケリーがスタンフォード大学にd.schoolを開講したことでビジネス手法としてのデザイン思考が注目されるようになったと言われています。

　デザイン思考の特徴は3つあります。

　まず一つ目は，人間に焦点を当てている点です。従来型の経営発想のように事柄に焦点を当てるのではなくデザイナーのように生活者としての人間の行動や考え方や嗜好をしっかり見た上で物事の組み立てを行います。先ほどのジュリアーニ市長のばあいニューヨーク市民としての長年の観察や対話をとおして仮説を立てました。また政策を実行した現場担当者も目の前で起こっている事象に対して自ら仮説を立て実行しています。このように人に焦点を当てることで予測の難しい人や社会の問題に対処できます。

　2つ目の特徴としてアイデアの発散・収束など，試行錯誤を繰り返しながらコンセプトを明確にしていくことです。観察や対話の中から直感的に仮説が浮かんだらその仮説に合う理論を見つけ，その理論により視野が広がったら今度は仮説の見直しをする，といったように試行錯誤を繰り返します。これによりコンセプトが明確になります。

　3つ目の特徴として仮説が固まったらすぐに実行する点です。正解の無い「やっかいな問題」に対処するためまず仮説をぶつけその挙動を観察します。そのうえで修正や変更が必要であれば修正や変更を行います。ばあいによっては根拠となる理論も含めて見直すことがあります。

そうやって「やっかいな問題」に対処します。

経営デザインのやり方

　ところで，デザイナーとはどういう仕事をする人なのでしょうか。われわれは意外とデザイナーという仕事を分かっていません。イギリスのデザイン研究者ナイジェル・クロスは，科学者は「分析」によって，デザイナーは「総合」によってそれぞれ問題解決を行うと説明しています。分析は物事をいくつかの要素に分け成分・構成などをはっきりさせることであり，総合はさまざまの要素を一つに合わせてまとめ上げることです。つまりデザイナーとはさまざまの要素をまとめ上げることで問題解決をする人です。

　この「総合」という言葉についてもう少し詳しく話をします。総合とは分析の対義語であり別々のものを束ね合わせて一つの機能にすることです。たとえば，異なる部品を合体して一つの機械をつくりあげたら総合と言えます。

　しかし人や社会に関することはそう簡単に総合できません。自分と他者，自分たちと他の集団，これらの間には相反する利害があるからです。反目し合う人たちをむりやり一つにまとめたところで混乱するだけです。したがって人や社会に関する総合の意味には，先ほど簡単に触れた「弁証法」的な発展が必要となります。矛盾を発展の契機ととらえ一段高い観点から解決を図ります。これを行うことが経営デザインです。

　たとえば，社内では，個人的に貢献したいことと，他の社員が貢献したいことで相反することがあります。それぞれの社員は自分の強みを発揮したいと望んでいるのに，それができないのであれば，組織にとってもマイナスです。社員の持つ多種多様な強みを総合できれば，それは会社にとって大きな知的資産になります。

経営デザインのうち自社と顧客の相反を総合することをビジネスモデルと言います。たとえば自社は「もっと高値で売りたい」と思っていて顧客側は「もっと安くないと困る」と思っているとしましょう。この利害の相反に対して自社は「今までより費用対効果の高い商品の販売」という新しいビジネスモデルにより利害の相反は解決できます。

　このように相反問題は総合により解決できます。先ほど「デザイナーは総合によって問題解決を行う」というナイジェル・クロスの言葉を紹介しましたがこれが経営デザインの意味です。経営デザインの全体像を図にしたら以下のような感じになると思います。

経営デザインイメージ

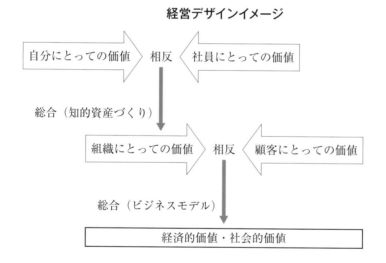

　これからの経営は，数々の答えのない「やっかいな問題」に対処しなければなりません。リーダーはビジョンを掲げ，仮説を設定し，すぐに実施することで仮説検証するデザイナー発想が必要です。現場もまた移り変わる状況を観察しその中で試行錯誤しながら答えを見つけなければ

なりません。しかしその試行錯誤の中から経済的価値・社会的価値は生まれます。これが経営デザインの考え方です。

第2節
経営デザインシートの作り方

1.経営デザインシートの全体像

経営デザインシートについて

　2018年6月内閣府知的財産戦略本部は，2025年から2030年頃を見据え「知的財産戦略ビジョン」を策定し，今後「デザイン社会」を目指すことを提言しました。「デザイン社会」とは，個々の力を生かしながら，新しい価値を次々と世界に発信できる社会です。その中核に位置する企業には，新しい価値を生み出すことが期待されています。そのためのツールとして経営デザインシートは開発されました。

　経営デザインシートは経営をデザインするための思考ツールです。あくまでも思考ツールなので作ることが目的ではなくシートを使って思考を組み立てることが目的です。A3用紙1枚でまとめられるシンプルな様式でありながら経営デザインという抽象度の高い概念がまとめられる点が特徴です。

　経営デザインシートの様式は「全社用」「事業用」「事業が一つの企業用」「簡易版」の4種類あります。会社規模に応じて様式を選ぶことになりますが「社員数が○○人だからこの様式」のような区分はありません。基本的な考え方は，どの様式であっても同じなので，思考ツールとして使いやすいものを選べばよいと考えます。

経営デザインシートの構造

　先ほど示したとおり，経営デザインシートは，「全社用」「事業用」「事業が一つの企業用」「簡易版」の4種類あります。様式によってタイ

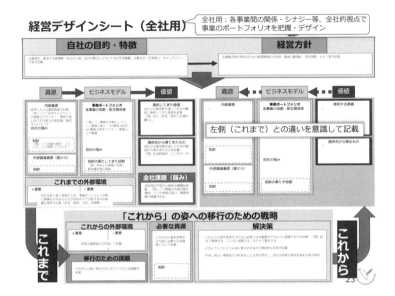

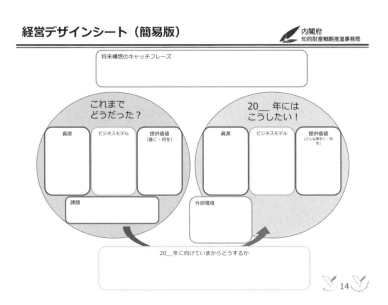

90

トルや記載項目を変えていますが，基本的な構造は「経営理念・経営方針」「これまで」「これから」「移行戦略」の4つで同じです。記載方法は，下の図の①～④を試行錯誤しながら埋めることです。

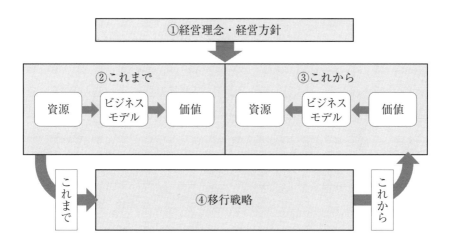

　なお，それぞれの様式ごとのタイトルの違いを整理する次の表のとおりです。

経営デザインシート記載項目一覧

	全社用［a］ 事業用［b］ 事業が一つの企業用［c］		簡易版
①経営理念・ 経営方針	●事業の目的・特徴［a，c］ ●事業概要［b，c］ ●経営方針［bでは「経営方針との関係」］		将来構想のキャッチフレーズ
②これまで	資源	●内部資源［a，b，c］ ●外部調達資源［a，b，c］	資源
	ビジネスモデル	●事業ポートフォリオ［a］ ●資源をどのように用いて価値を生み出してきたか［b，c］	ビジネスモデル

②これまで	価値	●提供してきた価値 ［a，b，c］ ●提供先から得てきたもの ［a，b，c］	提供価値（誰に・何を）
	これまでの外部環境 ［a，b，c］		―
	全社（事業）課題 ［a，b，c］		課題
③これから	価値	●提供する価値 ［a，b，c］ ●提供先から得るもの ［a，b，c］	提供価値（どんな相手に・何を）
	ビジネスモデル	●事業ポートフォリオ ［a］ ●資源をどのように用いて価値を生み出すか ［b，c］	ビジネスモデル
	資源	●内部資源 ［a，b，c］ ●外部調達資源 ［a，b，c］	資源
④移行戦略	●これからの外部環境 ［a，b，c］ ●移行のための課題 ［a，b，c］ ●必要な資源 ［a，b，c］ ●解決策 ［a，b，c］		外部環境

　このような一覧表を見せられると，多くの人は「こんなにたくさん記載しなければならないのか」と思うことでしょう。

　しかし，経営デザインシートはあくまでも「思考ツール」なので記載自体はあまり気にする必要はありません。また記載項目がたくさんあるように見えますが新たに考える項目は「これから」「移行戦略」だけです。この2点さえ徹底的に考えれば経営デザインシートは作成できます。

経営デザインシートのメリット

　本書では，主に自律型組織づくりを目的とした経営デザインシートの活用を取り上げていますが，経営デザインシートは，これ以外にも，補助金や融資などの活用も期待されており，幅広いメリットがあります。

①補助金申請書の添付書類として

　経営デザインシートは，すでに旭川市の「令和2年度　ものづくり企

業販路拡大応援補助金」で添付資料として指定されています。今後，このような事例は増えていくと考えられます。

　今のところ補助金の審査は過去の実績や補助事業の遂行能力を重視しています。

　しかし，これからのビジネス環境は，モノからコトへの変化，個人の個性の重視，AI化やロボット化，フィンテック，シェアリングエコノミーなど，過去の延長線上にはありません。企業は，これまでとは異なる環境の中，新しい価値を生み出す必要に迫られています。

　このような背景があることから，補助金の審査項目もビジネス構想（デザイン）力が重視されると思われます。これに伴い，今後，経営デザインシートは，旭川市のように補助金申請書の添付資料に活用されるケースは増えていくと思われます。

②金融機関の事業性評価シートとして

　経営デザインシートは，補助金だけでなく，金融機関の事業性評価融資の融資可否の材料として活用するケースが増えていくと思われます。

　すでにいくつかの地域金融機関は，経営デザインシートを事業性評価シートとして活用しています。活用方法は，金融機関がアドバイスしながら企業がシートを作成する，企業と対話をしながら金融機関が作成するなど，取引先とのコミュニケーションツールとして使われていることが多いようです。

　これまで金融機関は，財務データと保証・担保で融資可否を決定してきました。ただし，このやり方は，すばらしい事業構想があっても，「これまで」の積み上げがないと借り入れができないという負の側面もあります。

　これに対して事業性評価融資では，企業の「これから」を評価しま

す。本気のミッション・ビジョンを持っているか，思い込みに惑わされずに将来の外部環境を想定しているか，新しい価値を創造するだけの知的資産があるかなど，従来の評価項目だけではつかめなかった企業の成長可能性を評価し，融資可否します。この事業性評価に経営デザインシートは適しています。

　また，2019年12月18日に金融検査マニュアルが廃止されたのですが，このことからも地域金融機関は今まで以上に事業性評価を強化すると考えられます。金融検査マニュアルとは，バブル崩壊後の不良債権処理を目的に1999年に導入された，言わば金融業界共通の融資ルールです。このマニュアルが廃止されたということは，金融業界はひとつの節目を終えたとも言えます。これに伴い各地域金融機関は，今まで以上に独自色ある競争力強化を図ると思われます。そのためのツールとして経営デザインシートを活用するケースは決して少なくないと考えます。

2.「事業の目的・特徴」「経営方針」の記載方法

　事業の目的・特徴，事業概要

　経営デザインシートはどこから手を着けても構わないようにできていますがシートの一番上にある「事業の目的・特徴（簡易版のばあいは「将来構想のキャッチフレーズ」）」からはじめるのが一般的だと思います。「事業の目的・特徴」から入ることで広い視野で経営を見ることができます。

　「事業の目的・特徴」とは経営理念のことだと考えてください。経営理念をミッション・ビジョン・バリューで分けている会社ならミッションを記載します。たとえば第2章でGoogleのミッションが「世界中の情報を整理し，世界中の人がアクセスできて使えるようにすること」で

あることを紹介しましたがこのような言葉が「事業の目的・特徴」に入ります。

　上記のような記載ができない経営理念の場合は新たに経営デザインシート用の「事業の目的・特徴」を作ってください。また経営理念を持っていない会社やこれを機に自律型組織としてのミッションを確立した会社は「会社の存在目的は何か?」の問いに答える形でここの項目を考えてください。

　なお「事業用」と「事業が一つの企業用」の経営デザインシートには，「事業概要」という項目があります。これは言葉通り事業概要を記載すればよいと思いますが役所の提出書類のような書き方はせずに「自社は何屋なのか?」をじっくり考えて記載してください。

経営方針の考え方

　方針という言葉は「目標を達成するための方向性」という意味です。ただし何を目標とするかで経営方針の解釈は異なります。自律型組織なら「ビジョン達成のための方向性」が経営方針になりますので，バリュー（行動指針）とほぼ同義になります。従来型組織なら経営方針は「中長期経営目標を達成するための方向性」になるので中長期経営計画やKPIが該当するでしょう。このように経営方針という言葉の解釈は会社によって異なります。

　経営デザインシートはどちらのスタイルでもまとめることができるように柔軟に作られています。各社それぞれのやり方に合わせて作成してください。

　たとえばビジョン達成を重視する会社は経営デザインシートのどこかにビジョンを記載します。その際「自社の目的・特徴」「経営方針」どちらの欄に記載することになります。どちらの欄がふさわしいかはビジ

ョンの内容により判断してください。

　中長期経営目標の達成を重視する会社は「経営方針」の欄に中長期経営計画の要約やKPIを記載することになります。記載欄はそんなに大きくないので要点をまとめて記載してください。

　いずれにしても経営方針は，経営デザインシートの「これから」と整合するように記載します。「これから」の中に記載されている「価値」「ビジネスモデル」「資源」が経営方針の詳細を示すような形で記載しないと経営デザインがちぐはぐなものになってしまいます。

「事業の目的・特徴」「事業概要」「経営方針」の記載例

事業の目的・特徴	地域の食卓として健康的で毎日食べても飽きない食事を提供します。
事業概要	××地域で展開する定食中心の食堂
経営方針	【ビジョン型の記載例】 お客様ひとりひとりの顔と好みを覚えおもてなしのサービスを実現します。 【経営目標型の記載例】 3年後に地域住民が運営し地域住民が利用する家庭料理の店の3店舗展開を実現する。

将来構想のキャッチフレーズ（簡易版のみ）

　簡易版のみ「事業の目的・特徴」「事業概要」「経営方針」は，「将来構想のキャッチフレーズ」という一つの項目でまとめられています。キャッチフレーズとは，何らかの告知や宣伝に用いられる「うたい文句」のことですが，ここで求められていることは，「ミッションを実現する意欲を現す言葉」です。ミッションと経営方針を端的にまとめる形で，将来構想のキャッチフレーズを考えてください。

3.「価値」の記載方法

提供してきた価値・提供する価値

　ビジネスにおける価値とは，相手にとっての価値（ニーズ・ウォンツ）と，こちらが提供する価値（製品・サービス）の総称です。ただし，価値があると言われるためにはこれら2つの価値が合致していないとなりません。その合致度合いで価値の大小が決まります。

　価値を考える場合，「誰に」を明確にします。ニーズ・ウォンツは，人，時代，地域によって異なりますし同じ人でも年齢や属するコミュニティで変化します。またある人にとってニーズ（必要）でも，ある人にとってはウォンツ（欲しい）の場合もあります。「いったい誰のニーズ・ウォンツなのか？」を特定することがここでの記載項目になります。

　価値は，基本的に「付加価値」です。付加価値とは販売額から外部購入価額（仕入れ）を差し引いた数字のことです。たとえば飲食店は料理を売っていますが，原材料は外部から仕入れています。このばあいの付加価値は，販売額から仕入額を引いた数字であり，この付加価値は，「調理技術」「店舗内装」「立地」「接客」などに支えられています。そして，この付加価値を支持する顧客がいて，この店は成り立っています。

　「提供してきた価値」はこのような考え方で，以下のように記載します。

「提供してきた価値」「提供する価値」の記載例

誰に	ドライブ商圏3分以内の中年家族
何を	家庭料理のような素朴な味付けのおかず，家族連れでも落ち着ける空間

提供先から得てきたもの・提供先から得るもの

　商売は基本的に等価交換です。しかし，完全な等価交換をやってしま

ったらそのビジネスは発展しません。発展するビジネスは，顧客に対して，やや多めに付加価値を与えています。これに満足した顧客もまた金銭以外の付加価値を提供先に与えています。これら暗黙の付加価値の交換が，ビジネスに広がりをもたらします。

　「提供先から得てきたもの」は，これら暗黙の付加価値を記載します。たとえば，口コミや新たな顧客の紹介，場合によって人材の紹介や取引業者の紹介などです。

「提供先から得てきたもの」の記載例

口コミ，新たな顧客，人材の紹介，取引先などの紹介

4.「ビジネスモデル」の記載方法

ビジネスモデル

　ビジネスモデルとは，資源を価値（顧客のニーズ・ウォンツ）に変える仕組みのことを言います。

価値創造メカニズムの図

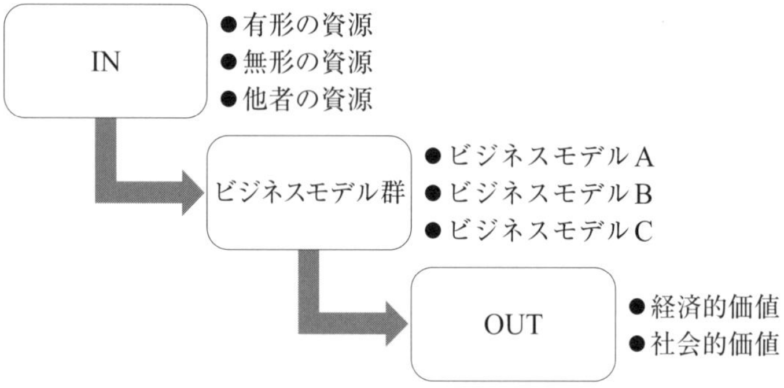

IN
● 有形の資源
● 無形の資源
● 他者の資源

ビジネスモデル群
● ビジネスモデル A
● ビジネスモデル B
● ビジネスモデル C

OUT
● 経済的価値
● 社会的価値

ビジネスモデルの類型は無限にたくさんあるわけではありません。思いつくものを並べてみましたが，これだと10種類です。

【主なビジネスモデル類型】
●仕入れて売るモデル（小売店，卸売業） ●仲介モデル（不動産仲介，販売代理店） ●仕入れて加工して売るモデル（製造業，飲食業） ●サービス料モデル（コンサルティング等） ●広告料モデル（ネット広告等） ●ライセンス料モデル（ブランド使用許諾等） ●メンテナンス料モデル（プリンター等） ●賃貸借モデル（金融業，不動産業） ●プラットフォームモデル（人材派遣，証券会社）

ビジネスモデルとは，事業ドメイン（誰に，何を，どのように）のうち，「どのように」の部分を言います。表現方法は「××を仕入れて，××で売る」のような単純な形になります。

たとえばスーパーなら「仕入れた商品を店舗に陳列しセルフサービスで販売する」，不動産仲介業なら「不動産を売りたい人を見つけ，買いたい人を募集する。または買いたい人を見つけ，売りたい人を募集する」，飲食店なら「食材を仕入れて調理し決まったメニューを整え店舗内で販売する」となります。

「ビジネスモデル」の記載例

資源をどのように用いて価値を生み出すか（出してきたか）	地域食堂：契約農家から食材を仕入れ家庭料理風に調理する。定食中心のメニュー，落ち着いた内装で家庭のように食事を楽しんでもらう。
誰と組んで	××農園
提供先へのアクセス法	近隣居住者にとって分かりやすく来やすい立地，月1回のポスティング

事業ポートフォリオ

経営デザインシート（全社用）には事業ポートフォリオという項目が
あります。

事業ポートフォリオと言えば，市場成長率と相対シェアの高低で4マ
スの表を作り，企業が有する各事業を適切なマスに当てはめていくプロ
ダクトポートフォリオマネジメント（PPM）が有名です。しかし，こ
のフレームワークで使用する市場成長率や相対シェアは市場規模がある
程度把握できる成熟市場でこそ使える指標なので，中小企業向きとは言
えません。

中小企業に関わらず，経営デザインをする者の興味は，「はたしてこ
の市場は成長するのか?」「その分野に進出したときの事業の収益性は
どうなのか?」だと思います。この興味に従い，事業ポートフォリオを
検討する場合，次のようなやり方がお勧めです。

ある会社の事業ポートフォリオ（例）

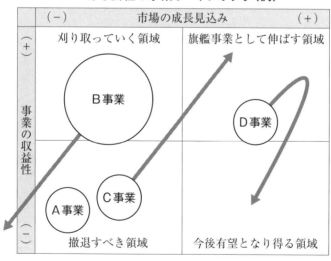

【表の説明】

A事業　市場の成長見込みも事業の収益性も低いが，他の事業で活用しているブランド力の源泉なので現状維持

B事業　現在の旗艦事業だが市場の成長が期待できず，また事業規模が大きいため赤字になる全社への影響も大きいため3年後に撤退

C事業　現在赤字だが，来年は黒字，3年後には旗艦事業へ

D事業　一時的に高い収益を得るが，2年後に特許が切れるので，撤退の準備も含めて検討

　なお，事業ポートフォリオを考える際，時系列を考慮に入れる必要があります。時系列を考慮した事業ポートフォリオを動的事業ポートフォリオと言いますが，これを考える際,「人的資源」「物的資源」「資金」「知財」の将来の配分を整理します。たとえば上記ではB事業は将来撤退とありますが，これまでB事業を支えてきた各種資源はどこに移動するのかをはっきりさせます。本書ではとくに触れませんが，じっくり検討したい会社は，エクセルなどを使って，事業ごとに各資源の配分をどうするのかを考えてください。

「事業ポートフォリオ」の記載例

A事業は現状維持，B事業は3年後に撤退，C事業は3年後旗艦事業へ，D事業は特許の切れる2年後に検討

知財の果たしてきた役割

　経営デザインシートでは,「知財」という言葉が多用されています。この「知財」という言葉については，この後詳しく説明しますが，ブランドとノウハウ（知的財産権含む）のことと考えてください。

　先ほども書いたとおり,「自社の強み」とは，顧客のニーズ・ウォンツに応える「資源」や「仕組み（ビジネスモデル）」のことです。これ

ら資源や仕組みを維持するためブランドやノウハウがどのように役割を
果たしてきたのかを記載します。

「知財の果たしてきた役割」の記載例

> 独特の社内情報共有ノウハウによりお客様の要望に瞬時に応えることができて
> いる。

5.「資源」の記載方法

内部資源

　経営デザインシートでは有形・無形の資産の総称として「内部資源」
という言葉を使っています。内部資源は次の図のように5つに分類され
ます。それぞれの言葉が似ていることから混乱しがちですが，一度，図
をしっかり見ていただき言葉を整理していただければと思います。

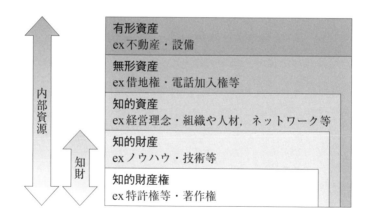

　では，「内部資源」が問われたら，何を指していると考えたらよいの

でしょうか。経営デザインシートでは有形・無形問わず記載しても構わないようになっていますが，まずは「知的資産」を指していると考えてください。

　知的資産を「人的資産」「構造資産」「関係資産」で区分する方法があります。それぞれの意味は次の表のとおりです。

知的資産の３分類

	意味	例
人的資産	個人的な知識や技術	●コンテストで日本一になった○○さん ●ファシリテーション技術，対話スキルの持ち主である○○さん ●社交性の塊である○○さん
構造資産	会社の仕組みや手順	●社内外に共感者がいるミッション・ビジョン ●独特のミーティングやひとりひとりの行動規範など，自律型組織の慣習
関係資産	外部ネットワーク	●SNS等で相互交流のある1万人の固定客 ※経営デザインシートでは，「外部調達資源」に記載します。

　経営デザインシートでは，内部資源のうち「知財」を重視しています。「知財」というと知的財産権（特許権，実用新案権，意匠権，商標権，著作権）を思い浮かべる方が多いと思いますが，これら権利を付与されているものは，知財の一部に過ぎません。ほとんどの知財は「ノウハウ」とか「技術」という呼び方で，現場で無自覚のうちに使われています。したがって，経営デザインシートで「知財」が問われたら，「ノウハウ」と「技術」のことだと考えてください。

　ところで経営デザインの際，なぜ「知財」が重要なのでしょうか。これについて，経営デザインシートを開発した知的財産戦略本部は，21世紀の市場の特徴を示すことで，「知財」の重要性を説いています。

【21世紀の市場の特徴】
1.需要に対して供給の方が大きい。そのため選ばれないと売れない。
2.市場をけん引するものは企業側ではなくユーザ側。
3.多様な価値観が反映された複雑な市場のため予測は困難。
4.市場の寿命は，供給力が高く，需要が変化しやすいため，市場が飽和しやすい。特に最終消費財は新陳代謝が速い。
5.需要と供給をマッチングするプラットフォーム型のビジネスモデルが有利。
6.企業規模によらず，イノベーションを創出できる機動的企業が注目される。

出所：知的財産戦略本部「知財のビジネス価値評価検討タスクフォース報告書」平成30年5月から抜粋および筆者にて加筆

　要約すれば，21世紀は，ビジネスの主導権はユーザ側になるので，企業はユーザとのコミュニケーションを通して，需要の変化に適応をしないと生き残れないということです。このような時代背景から，経営デザインシートでは「知財」を中心とした「知的資産（人的資産，構造資産，関係資産）」が重要視されています。

「内部資源」の記載例

【内部資源の記載例】
組織内にしっかり根付いた経営理念と，お互いにコミュニケーションをとりながら柔軟に働く人材と組織 ※主に経営理念・組織や人材，ネットワーク等「知的資産」を記載
【知財の記載例】
長年の家庭料理研究で得た，味付け，調理法，具材等のノウハウ，長年の試行錯誤でたどり着いたメニュー ※主にノウハウ・技術等，「知財」を記載

外部調達資源（誰から）

　外部調達資源について考える際，先ほどの「知的資産3分類」のうちの「関係資産」を思い浮かべたらよいでしょう。関係資産とは，外部ネ

ットワークのことなのですが，これを持つことでビジネスの可能性は大きく広がります。

　たとえば，もし，あなたが100万人に知られている人だったらビジネスのやり方はどう変わるでしょうか。

　手元資金がまったく無くても，クラウドファンディングで資金調達できるかもしれません。ノウハウがまったく無くても，人間関係でノウハウを仕入れることは難しくないでしょう。プロモーションにいたっては，難なくできる可能性があります。

　このように関係資産が充実していれば，それだけで成功可能性は高まります。

　「これから」の外部調達資源を考える際，このように広がりのある発想をしていただければと思います。

　なお，たとえ100万人の知り合いがいたとしても，彼らが共感するような「新しい価値」が生み出せなければ，何もはじまらないことは言うまでもありません。

自社の強み

　経営デザインシート（全社用）では，ビジネスモデルの欄，資源の欄，それぞれ「自社の強み」の記載欄があります。顧客のニーズ・ウォンツに応える「資源」や「仕組み（ビジネスモデル）」のことを「自社の強み」と言いますので，このような作りになっています。

　「自社の強み」を見つける方法として「SWOT分析」があります。SWOT（一般的に「スウォット」と呼びます）分析とは，「強み（Strength），弱み（Weakness），機会（Opportunity），脅威（Threat）」の頭文字から命名されたフレームワークです。

　このフレームワークを使い，チームメンバーとともにワークショップ

形式で自社の「強み」「弱み」「機会」「脅威」を出し合うことで，一人では思いつかないような自社の強みを言語化することができます。これを「SWOT分析ワークショップ」と呼びます。中間ワークショップのひとつとして開催しても構いません。

SWOT分析ワークショップのやり方

用意するもの	「ホワイトボード」または「大きな紙（模造紙・A3用紙等）」付箋，マーカーまたはサインペン
事前準備	次のようにホワイトボードまたは大きな紙に4つに区切った空白を作り「強み」「弱み」「機会」「脅威」と書きます。省略して「S」「W」「O」「T」でも構いません。 <table><tr><td>強み</td><td>弱み</td></tr><tr><td>機会</td><td>脅威</td></tr></table>

【やり方】

①メンバーは3人〜6人で行います。

②ホワイトボードを用意した場合は，全員ホワイトボードの前に立ちます。大きな紙を用意した場合はテーブルの上に紙を置き，メンバーは囲むように座ります。

③個人作業で自社の「強み」だと思うものを付箋に書きます。付箋1枚につき1アイデアで，できるだけたくさん書いてもらうようにします。（3分程度）

④書き終わったら，ひとりひとり付箋を貼りながら発表します。その際，書いた言葉の意味も説明します。

⑤発表を聞いている者も，発表者の内容に触発され新しいアイデアが出たら付箋の書き込みを追加していきます。

⑥全員発表し終わったら，似たようなアイデアの付箋は同じ場所に重ね貼します。

⑦どのアイデアとどのアイデアが似ているかを話し合っている最中も，その話し合いで触発され新しいアイデアが出たら付箋の書き込みを追加します。

⑧③から⑦の作業を「弱み」「機会」「脅威」でも行います。

⑨いったんSWOT分析ができ上がったら，全体を見渡して，「強み」「弱み」
「機会」「脅威」の見直しをします。「強みに入れたけど実際は弱みではない
か」「弱みだと思ったけどこれは機会ではないか」などの話し合いをします。

　実は，ミッション・ビジョンが定まっていないと何が強みで何が機会
なのか判断できません。

　たとえば，ある工務店にすごく優秀な外国人設計技術者がいるとしま
す。一般的には，この技術者の存在は「強み」と呼ばれるでしょう。し
かし，その技術者は日本語があまり得意でなく，給料がすごく高かった
らどうでしょうか。また，日本の建築基準法にあまり詳しくなかったら
どうでしょう。この工務店のミッションが「お客様とのコミュニケーシ
ョンを大切に，安価な建物を提供します」だったなら，この技術者の存
在は強みどころか弱みになってしまいます。

　反対に，ミッションが「既成のわくにとらわれない付加価値の高い独
創的な建築を提供する」の工務店だったらどうでしょう。この技術者の
存在は「強み」となります。そして国籍にとらわれない自由闊達な社風
がイメージできますので，その社風も強みのひとつに加えられることで
しょう。

　何はともあれ，一度，SWOT分析ワークショップを開催することを
お勧めします。きっと自社に関する新たな発見があることでしょう。

「強み」の記載例

【人的資源が強みの場合の記載例】 コミュニケーション能力の高い営業マン，××のできる設計部員
【物的資源が強みの場合の記載例】 集客に適した立地，××ラインのある工場
【資金が強みの場合の記載例】 潤沢な自己資本と××信金との信頼関係

【知財が強みの場合の記載例】
××に関する特許，××ブランド
【ビジネスモデルが強みの場合の記載例】
顧客との情報ネットワーク

これまでの外部環境

「これまでの外部環境」は，SWOT分析の結果の「機会」と「脅威」の中から，「これまでの外部環境」であると思われるものを抜粋し，次のように書きます。機会は「＋欄」，脅威は「−欄」に記載したうえで，市場状況（事業用，事業が1つの企業用のみ）で補足説明をします。

「これまでの外部環境」の記載例

【＋】SNSで当社が取り上げられることが増えてきた	【−】少子高齢化により家族客が減少傾向
市場状況：これまでは子供のいる若い家庭向けにボリュームのある定食が主力だったが，次第に煮物や焼き魚が多くなり，ボリュームに対するニーズも減りつつある。	

全社課題（弱み），事業課題（弱み）

経営課題は，全社用では全社課題，事業用および事業が1つの企業用では事業課題となっています。

これら課題についても，先ほどのSWOT分析の結果を活用します。「弱み」とされた事柄のうち，経営課題であると思われるものを抜粋し記載します。

なお，経営課題を設定する場合，気を付けてもらいたいことがあります。「経営課題」や「弱み」と言ったとき，自社や自部門，または誰かに対する攻撃になっていることがあります。いっけんもっともらしいこ

とを言っていながら，実は「だからうちの会社はダメなんだ」が言いた
い場合などです。これらも経営課題のひとつなのかもしれませんが，色
眼鏡で見ている可能性もあります。このようにSWOT分析の結果は注
視してください。

「全社課題（弱み）」「事業課題（弱み）」の記載例

近隣にビジネスマン中心に外国人や他地域からの居住者が増えているが，これ
ら新しい住民に提案できるメニューが無い。

6.「移行戦略」の記載方法

これからの外部環境

「これからの外部環境」も，基本的にSWOT分析結果から抜粋し記載
します。ただし，未来という誰にも答えが分からないことを想定すると
き，人は，自分に都合の良いように偏った発想をすることがあるので検
証が必要です。SWOT分析の結果について，次の認知バイアスにより
偏ったものがあれば見直してください。

「これから」を想定する際，気をつけるべき認知バイアス

視野狭窄	自社の業界，自社の地域，現在の状況など，狭い範囲で「機会」や「脅威」を出している可能性があります。
感情バイアス 確証バイアス	自分や自社にとって都合の良い「機会」や「脅威」を出している可能性があります。
正常性バイアス	「自分は大丈夫」「今回は大丈夫」「まだ大丈夫」という発想に陥っている可能性があります。
観察者バイアス	出された「機会」や「脅威」は，自分の興味・関心のある事柄に偏っている可能性があります。

　認知バイアスにより偏っている可能性のある「機会」「脅威」を，一

段高い位置から見直すために、「PEST分析」をすることをお勧めします。

　PEST分析とは、マクロ環境分析のためのフレームワークです。PESTとは、「Politics（政治）、Economy（経済）、Society（社会）、Technology（技術）」の4つの頭文字を取っています。

　PEST分析は、次のようなワークショップ形式で行うとより効果的です。

PEST分析ワークショップのやり方

用意するもの	●「ホワイトボード」または「大きな紙（模造紙・A3用紙等）」
	●付箋およびマーカーまたはサインペン
	●スマホまたはパソコン
問い	PEST分析ワークショップでは、ファシリテーターは次のような問いを事前に用意します。その際、絵空事にならないように、すでに兆候のある事柄で問いを作るよう気を付けてください。

PEST	問いの例
P：政治	SDGsの流れはますます強まるだろう。そのとき当社をとりまく環境はどのように変化しているだろうか？
E：経済	パンデミックや自然災害の影響により、経済の仕組みが大きく変わるかもしれない。これに伴い業界はどのように変わるだろうか？
S：社会	雇用の流動化はますます進み、働く側が会社を選ぶ時代になるだろう。そのとき当社はどんな会社になっていたら良いのだろうか？
T：技術	これからはAI化や5Gに適応したビジネスモデルが必要になるだろう。そのとき当社は何をしたら良いのだろうか？

やり方	①メンバーは3人〜6人で行います。
	②ホワイトボードを用意した場合は、全員ホワイトボードの前に立ちます。大きな紙を用意した場合はテーブルの上に紙を置き、メンバーは囲むように座ります。
	③まず、メンバーは上記の「問い」に従い、ネット検索しながらアイデアを出します。付箋1枚につき1アイデアで、できるだけたくさん書きます。（3分程度）

④書き終わったら，ひとりひとり付箋を貼りながら発表します。その際，書いた言葉の意味も説明します。

⑤発表を聞いている者も，発表者の内容に触発され新しいアイデアが出たら付箋の書き込みを追加していきます。

⑥全員発表し終わったら，似たようなアイデアの付箋は同じ場所に重ね貼りします。

⑦どのアイデアとどのアイデアが似ているかを話し合っている最中も，その話し合いで触発され新しいアイデアが出たら付箋の書き込みを追加します。

⑧③から⑦の作業を「経済」「社会」「技術」でも行います。

⑨いったんPEST分析ができ上がったら，全体を見渡しながら，全員で自社を取り巻く外部環境変化について話し合います。

　なお，PEST分析ワークショップは参加メンバーの知識の質や量に左右されるという欠点があります。学者のような人が集まれば，いつまでも尽きることのないアイデアの応酬になるかもしれませんが，予備知識の無い者だと，その話題に興味を持つこともできず，黙ったままということになります。

　もし，メンバーに予備知識が無いと思ったら，ファシリテーターは，事前にメンバーに興味を抱かせる統計データ等「つかみ」を用意するなど工夫が必要です。興味さえ持ってもらえれば，予備知識の無い者でも，web検索などにより予想外のアイデアを出してくれます。

「これからの外部環境」の記載例

【＋】テレワークの浸透とともにカフェ等を仕事場にする人がさらに増えるだろう。	市場状況：今後ノマドワーカーは都心から郊外へ移動する。彼らが利用できるような雰囲気，メニュー，機能を持った飲食店にニーズが高まるだろう。
【－】都心への一極集中が崩れると都心の飲食店は厳しい状況になる。	

必要な資源・移行のための課題

　移行戦略における「必要な資源」は，基本的に「これから」の「資源」を細分化したものになります。たとえば，「これから」の「資源」が技術なら，「移行戦略」における「必要な資源」は，人材，設備，データになるでしょう。

　ただし，作ってみると分かりますが，細分化はそう簡単ではありません。「これから」の項目が安易なものだったばあい，細分化すればするほど，「移行戦略」の実現可能性に不安が湧きます。そうなったら，元に戻って「これから」を見直すか，それとも実現可能性の危うい箇所について「移行のための課題」として記載することになります。

「必要な資源」の記載例

居心地のよい内装，Wi-Fi環境，カフェメニュー

「移行のための課題」の記載例

ノマドワーカーに対する知識や理解，ビジネスマンが好むメニューの研究

「解決策」の記載方法

　「移行戦略」における「解決策」は，「どうやったら『これから』の姿へ移行できるのか?」「いまできることは何か?」を記載します。解決策の出し方については，中間ワークショップのワーク2「ビジョン案を実現するためのアイデア（移行戦略）ワーク」（第5章第2節第1項「中間ワークショップの流れ」）に詳しく書きましたので，そちらを参考にしてください。

「解決策」の記載例

- ●車客が増えることを想定して駐車場確保について検討する
- ●新しい食堂スタイルについて，内装やメニューなどを検討する
- ●ノマドワーカーの生活パターンや行動特性に関する調査をする

第4章 経営変革キックオフ式のやり方

第1節
組織変革プロジェクトの全体像

1. 目的・プロセス・経営デザインシートとの関係

組織変革プロジェクトの目的とプロセス

　本章からは自律型組織にするための，経営変革プロジェクトについて説明します。このプロジェクトは「組織開発」「人材育成」「経営デザイン」「ステークホルダー・エンゲージメント」，の4つの目的で行います。

組織変革プロジェクトの目的

目的	内容
組織開発	従来型組織から自律型組織への転換
人材育成	自律型人材の育成（自発性の発揮）
経営デザイン	ミッション，ビジョン，経営方針の策定
ステークホルダー・エンゲージメント	株主，取引先，金融機関などのニーズを理解し経営に反映

　組織変革プロジェクトでは，上記の4つの目的を達成するために「キックオフ式」「中間ワークショップ」「方針発表会」を開催します。その全体プロセスは，以下のとおりです。

組織変革プロジェクト全体プロセス

段階	テーマ	ミッション	ビジョン	経営方針
キックオフ式の準備（1〜2か月間）	社長の「変革コミットメント」			
	コアチーム組成/プロジェクト目標設定			
	コアチームによるミッション案づくり	仮設定		

キックオフ式	自律型組織への変革意思表示とミッション案の発表	↓		
	ワーク①（自社の強みの抽出）	↓		
	ワーク②（社員の考える将来像の抽出）	↓		
中間ワークショップの準備（2〜3か月間）	ワーク①の結果を踏まえコアチームのミッション案修正	原案		
	ワーク②を踏まえたコアチームによるビジョン案づくり	↓	仮設定	
中間ワークショップ①	ワーク①（ミッション案・ビジョン案のフィードバックワーク）	↓	↓	
	ワーク②（ビジョン案を実現するためのアイデア（移行戦略）ワーク）	↓	↓	開始
中間ワークショップ②	SWOT分析ワークショップ ※必要に応じてチームごとに開催	↓	↓	↓
方針発表会の準備（3〜4か月間）	コアチームによるミッション確定	確定	↓	↓
	コアチームによるビジョン案修正		原案	↓
	個別チームの「経営デザインシート（事業用）」の原案作成		↓	原案
	コアチームによる「経営デザインシート（全社用）」の原案作成		↓	↓
	コアチームによるビジョン確定		確定	↓
	個別チームによる「経営デザインシート（事業用）」の確定			↓
	コアチームによる「経営デザインシート（全社用）」の確定			確定
方針発表会	経営デザインシートの発表	発表	発表	発表
	ステークホルダーとの意見交換			

　上の表のとおり，組織変革プロジェクトは半年から1年くらい掛けて，人材育成と経営デザイン（ミッション，ビジョン，経営方針の策定）を同時並行的に進めます。キックオフ式までの流れは，本章でこのあと詳

しく説明しますが，中間ワークショップまでの流れは第5章，方針発表会までの流れは第6章で詳しく説明します。

経営デザインシートを使う理由

組織変革プロジェクトでは，経営デザインシートを使用します。経営デザインシートについては，第3章で詳しく書きましたのでここでは省略します。

組織変革に経営デザインシートを使うメリットは，次の4点です。

【組織変革に経営デザインシートを使うメリット】
1. 組織変革の共通認識ツールとして利用できます。 従来型組織から自律型組織への転換は，せんじ詰めれば社員の行動変化です。ですから，できるだけ多くの社員がプロジェクトに関わった方が効果的です。少なくとも1〜2割の社員が変革に関われる仕組みが必要です。経営デザインシートはその変革の共通認識を見える化するツールとして適しています。
2. これまで経営に携わった者でなくても経営デザインできます。 今まで，経営上の意思決定に関わってきたことのない者，ミッション，ビジョン，経営方針といった「経営の構造（ビジネスヒエラルキー）」の理解も乏しい者でも，経営デザインシートを使えば，経営で押さえるべきところを押さえることができます。
3. 社員同士のコミュニケーションツールとなります。 経営デザインシートは思考ツールであると同時にコミュニケーションツールでもあります。作成過程では必ずコミュニケーションが必要なので，経営デザインシートを活用すること自体が組織変革につながります。
4. アウトプットのブレ幅が少なくなります。 経営の意思決定は，非常に広範にわたりますのでむやみに様々な観点や視点を取り入れようとすると収集が付かなくなることがあります。しかし，経営デザインシートを使えば，大きなフレームが固定されているので，ブレ幅も少なく効率的に経営デザインができます。

2.3つのイベントを行う理由

キックオフ式の目的

コアチームを組成したら最初に行うイベントがキックオフ式です。キックオフ式は，社員に対して，組織変革プロジェクトが立ち上がったことを認識してもらうために開催します。

もしかしたら「キックオフ式などやらなくてもプロジェクトさえ機能すればいいのではないか」と考える人もいるかもしれません。しかし，社員の「愛着心」や「思い入れ」が薄い会社のばあい，プロジェクトは「笛吹けど踊らず」状態になりがちです。そうならないためにも最初が肝心で，次の役割をしっかり組み込んだキックオフ式を開催します。

【キックオフ式の目的】
●変革がスタートしたことを全社員が認識する ●社長の言葉でゴールがどこなのかを明確に示す ●変革しなければならない理由を社員と共有する ●誰が中心になって組織変革を行うのか明確にする ●社員も当事者の一員であることを自覚してもらう ●中間ワークショップの開催を予告する

中間ワークショップの目的

キックオフ式が，組織変革プロジェクトの開始のために行うとしたら，中間ワークショップは経営デザインを開始するために行うと言ってよいでしょう。加えて，社員全員をこのプロジェクトの遂行のために巻き込むことも重要な目的です。

●できるだけ多くの社員を組織変革に巻き込む
●できるだけ多くの社員に経営デザインに参画してもらう

　まず，「できるだけ多くの社員を組織変革に巻き込む」についてです。

　意外と社員同士はお互いのことを知らないものです。隣に座っている同僚の趣味や家族構成すら知らないことも珍しくありません。従来型組織のばあい，上意下達の指示命令系統なので，横のつながりがほとんどなくても何とかなります。

　これに対して自律型組織のばあい，社員ネットワークで仕事をするのでお互いの人間性を知り信頼関係が築かれていないと業務に支障をきたしてしまいます。

　中間ワークショップは，自律型組織に必要なお互いの信頼関係を築くことに効果を発揮します。本音で語り合う機会をつくり，これをきっかけに社員ネットワークに結びつけます。そしてそこから組織変革に巻き込んでいきます。

　次に「できるだけ多くの社員に経営デザインに参画してもらう」ですが，中間ワークショップでは，実際に移行戦略（ビジョン案実現のためのアイデア）を社員たちに考えてもらいます。この移行戦略が後日，経営デザインシートの「これから」の部分をつくりあげることになります。

方針発表会の目的

　方針発表会は，組織変革プロジェクトのゴールです。社員だけでなく取引先，株主，金融機関，支援機関など，ステークホルダーを招へいして行います。主な内容は，経営デザインシートの発表と，ステークホルダーとの意見交換です。第6章で詳しく書きますが目的は以下のとおり

です。

【方針発表会の目的】
●自律型組織としてのスタート ●社長の組織変革に対する本気度を示す ●経営デザインシートの発表 ●組織としての一体感を高める ●ステークホルダー・エンゲージメント

　方針発表会は，組織変革プロジェクトのゴール（目標）です。会社全体の目的である「自律型組織の達成」も重要ですが，プロジェクトメンバーにとっては，この方針発表会のできばえがプロジェクト期間中の最大の関心事（マイルストーン）になります。

第2節
組織変革プロジェクトの立ち上げ方

1.変革コミットメント

変革コミットメントのつくり方

　組織変革プロジェクトにおいて，最初に行うことは社長による「変革コミットメント」です。社長自身が「私から変わります」と宣言することが，従来型組織から自律型組織への転換の第一歩です。

　コミットメントとは「責任を伴う約束」という意味があります。したがって，変革コミットメントとは組織変革に対する約束ということになります。ただし，ここで言う責任とは，他者から言われたから守らなければならないという種類の責任ではありません。社長の行うコミットメントですから自分の言葉に対して責任を持つという意味です。この変革コミットメントの言葉を「文章化」することが，まずやるべき作業です。

　変革コミットメントは2つの作業があります。一つは，社長自身が決意を固める作業，もう一つは，コアチームや社員に向けて宣言をする作業です。前者を「決意」，後者を「宣言」と呼ぶことにします。

　まず，「決意」の話からします。決意と言うと社長が自分に向けて行うわけですから今すぐにでもできそうです。しかし，決意をするためには自律型組織にしなければならない理由を明確にしなければならないわけですから，そう簡単ではありません。たとえば第1章で書いたようなこれから起こる外部環境変化や組織や人材の実態把握が必要なので十分な検討時間が必要になります。

　これらを踏まえた上で社長自身の想いを言語化すれば決意の言葉にな

りますが，その際必ず文章にする必要があります。下に示した「変革コミットメントシート」のような形に文章化して，それをコアチームや社員に対して宣言してはじめて，決意の言葉は変革コミットメントになります。

変革コミットメントシート（雛形例）

外部環境に対する認識	これからの社会の変化に対してどのような認識（機会，脅威）を持っているかを記載します。
内部環境に対する認識	事業承継や脱トップダウンの必要性などについて記載します。

どのような組織にしたいのか？	上記の「外部環境に対する認識」「内部環境に対する認識」を踏まえ，「どのような組織（自律型組織）」にしたいのか」，その想いを記載します。

なお，「どのような組織にしたいのか？」についてですが，これについては，「あまりネガティブにならないこと」と「社長の気持ちを率直に書くこと」以外に助言はありません。ご自身の言葉による変革の意思であれば，どんな形でも構わないと思っています。

変革コミットメントは自分のために行う

変革コミットメントは，社長自身が語った言葉を忘れないためと自分自身の一貫した意思を貫くために行います。社員に伝える目的もありますが，それ以上に自分自身のために宣言するのだと思ってください。

変革コミットメントは，先ほど書いたとおり，外部環境・内部環境を踏まえた論理でできています。したがって，作った本人ですら，しばらくしたら忘れてしまう内容かもしれません。それを忘れないようにするために，社員全員が納得する理屈を作り上げることは有効です。

このことは「学習のピラミッド」という理論で説明できます。これは1960年代アメリカの国立訓練研究所（NTL）が開発したモデルと言われています。この理論によると人は聞いただけでは5％しか記憶が保持しませんが，人に教えることで記憶の保持率は90％に高まるのだそうです。

学習のピラミッド

保持率	知識テスト前に行われた学習活動
90％	他の人に教える/すぐに使用する。
75％	学んだことを実践する。
50％	グループディスカッションに参加する。
30％	デモンストレーションを見る。
20％	視聴覚体験。
10％	読書をする。
5％	講義を聞く。

たしかに，自分を振り返ってみても，人の話を聞くだけだと，興味のある部分以外はほとんど忘れてしまいます。たとえば，受講生として参加するセミナーなら一生懸命聞きますし，覚えようともしますが，3年後くらいに振り替えるとほとんど忘れてしまっています。

これに対して，自分が講師として行ったセミナーの内容は，何年たっても記憶から消えていません。教えるほうが集中しているからなのか，または間違った内容を教えたりしないように多角的に調べるからなのか分かりませんが，その時のパワポを見れば，そのとき何を語ったのか，こまかい内容まで思い出すことができます。このように他者に教えることは，記憶の定着という面において人の話を聞くよりも何倍も有効であると実感しています。

また，「変革コミットメント」には「一貫性の法則」という心理的効果もあります。これは自らの行動や発言，態度，信念などに対して一貫

124

したものとしたいという心理のことを言います。変革コミットメントの
ばあいは,「信念を貫く」という形で現れます。「一貫性の法則」の背景
には,「一度宣言したことを覆したら社員からの信頼が崩れるかもしれ
ない」という心理や,「予測不可能な事態でも何か指針を示すのがリー
ダーの役割」といった責任感などがあると言われています。この心理効
果を活用する意味においても「変革コミットメント」を宣言することは
大切だと考えます。

2.コアチーム組成

コアチームの役割

　変革コミットメントの内容が固まったら,コアチームを組成します。
コアチームとは,社長の変革コミットメントを受けて,組織変革プロジ
ェクトを実際に運営するチームのことです。コアチームの役割は次の3
点です。

【コアチームの役割】
1.キックオフ式,中間ワークショップ,方針発表会の開催事務局 2.経営デザインシートのとりまとめ 3.プロジェクトの推進に伴い発生する組織や人に関する問題への対処

　コアチームの役割として1.と2.は必ず行っていただきたいと思いま
すが,3.については努力目標だと思ってください。ただし,努力目標と
は言うもののプロジェクトを続けていると必ず3.の問題に巻き込まれ
ることがあります。「対立する意見に対する関わり」「現場のメンタル面
の関わり」の二つは,まず起こるものと考えておいた方がよいでしょ
う。

まず，対立する意見に対する関わりですが，会社にはさまざまな価値観が併存しています。「短期的な収益か長期視点か」，「顧客（CS）か社員（ES）か」，「トップダウンかボトムアップか」など，対立軸が存在します。そのため，プロジェクトを進めていくと，反対方向の価値観が首をもたげ，収まりのつかない議論が展開されるのもしばしばです。コアチームは，これらの議論にいやが応でも巻き込まれます。その際，コアチームはいずれか一方の側に立つのではなくこれらの議論の矢面に立ち，対話をもって解決する姿勢を貫かなければなりません。しかも，組織の心理的安全性の確保を配慮しながら進めなければなりません。

　この調整作業には，収益面への対処も含みます。当たり前の話ですが，組織変革プロジェクトを推進している最中も，会社は収益を上げ続けなければなりません。したがって，コアチームはプロジェクトの推進と収益向上が矛盾しないように進めます。たとえば，収益が上がらない原因として，現場力の弱さが見つかったとします。そのばあい，コアチームは，現場主体で収益アップの仮説をつくりだせるよう支援します。その結果，収益アップにつながる仮説が見つかったら，コアチームは現場にその実行を促します。このようにコアチームは，プロジェクトの推進と収益行動が矛盾しないように働きかける責務も持っています。

　つぎに現場のメンタル面の関わりですが，コアチームは現場と深く関わるにつれ，社員ひとりひとりのメンタルに触れる機会も増えます。たとえば，自律型の組織運営になじめずに一人で悩んでいる社員がいたとします。このようなとき，コアチームのメンバーは，その社員の話を聞きます。特別，カウンセリング的なことをする必要はありませんが，話を聞くだけでも，十分コアチームの役割は果たせます。社員のメンタル的な問題は，組織全体に関わる何らかの問題があることを示唆している可能性があるからです。この配慮により組織の自律化の機運は次第に高

まります。

　このようにコアチームは様々な役割を負うことになりますが，中小企業のばあい，そこまでマンパワーを注ぐことができないという問題があります。その際，コアチームは1.と2.だけに専念していただいて構いません。そもそも，このプロジェクトの目的は，自律型組織をつくり上げることです。コアチームが手取り足取り介入してしまったら，この目的に矛盾する面もあります。

　なお，たまに「コアチームとプロジェクトチームとどう違うのか?」と質問されることがありますが，中小企業のばあい，コアチームとプロジェクトチームはほぼ同じと考えてください。大きな会社になると，プロジェクトメンバーが大勢になるばあいがあるので，これらを統括するチームとしてコアチームをつくりますが，数十人規模の会社であれば，コアチーム＝プロジェクトチームと考えて構わないと思います。

リーダーの選出

　コアチームメンバーの選出は，社長がコアチームリーダーを選出することから始まります。後継者がいれば後継者，後継者がいないばあいは，次の時代を担うと思われるリーダー的な人を選定します。その際，「現在の部署や役職」「今までの実績」「年齢」「社員からの信頼度合」などを加味し，選定理由を明示することが大切です。

　選定理由のひとつである「社員からの信頼度合」ですが，好き嫌いに惑わされずに，社員の目から見た信頼度合を見るようにしてください。おそらく，仕事ができる人とか，切れ者と言うより，普段から社員とよくコミュニケーションを取っている人が候補に挙がると思います。このような人物の方が自律型組織への変革のリーダーに向いています。

　中小企業のばあい，人材に余裕が無いので，社長以外にリーダーをで

きる人がいないこともあります。そんな時は，社長がリーダーをやっても構わないでしょう。トップダウン色の強いプロジェクトになる恐れもありますが，反面，社長の「変革コミットメント」とメンバーの質次第では，かえって社長がリーダーの方がうまく行くこともあります。

メンバーの選出

コアチームメンバーの選出は，リーダーが自己責任で候補を絞り，ひとりひとり声掛けをして行います。候補者になる者は，一般的には経営幹部，部門長クラス，若手リーダーなどですが，男女比率や年齢・階層のバランスを取った方が自律型組織づくりには合っていると思われます。

声掛けの仕方は，社長の「変革コミットメント」を伝えて誘います。ただし，リーダーのプロジェクトにかける本気度が必要です。照れ隠しで「何だか分からないけど社長からリーダーやれと言われたのでちょっと手を貸してくれない？」なんて声掛けはダメです。これでは出だしからプロジェクトの成功確率を下げてしまいます。人が共感するかしないかは，伝える中身よりも伝える側の本気度に影響されます。リーダー自身が本気になっていないプロジェクトに参加したがる者はいません。

なお，声掛けの時だけに限りませんが，会話が一方通行にならないように気を付けてください。もし否定的な意見が出たばあい，その理由も聞きましょう。それが次の方に声掛けするときの軌道修正にもなります。またミッション・ビジョンを立てるにあたり，参考にもなるかもしれません。

このような声掛けをしてメンバー候補を決めていきます。しかし，声掛け＝メンバーということにはなりません。最終的な意思決定は，オリエンテーションの場でメンバー自身が決めることになります。

コアチームメンバーの人数

コアチームの最適人数はリーダー含めて4人〜7人です。ある程度大きな組織で働いたことのある人なら分かると思いますが，10人の会社でも1000人の会社でも頻繁に会話するメンバーはたいがい4人から7人程度です。これが「仲間」という感覚でプロジェクトを運営できる人数です。

会社の規模によっては3人チームが限界というばあいもあります。3人チームは意見が割れると2対1の構図になり心理的安全性を損なう恐れがあること，対立を恐れて作業屋になりがちな点を留意すれば問題ありません。

逆に8人以上のチームになると，もはやコアチームとは言えなくなります。コアチームとは，その名のとおり全社プロジェクトのコア（核）になるチームのことです。人数の絞り込みが難しいようでしたらサブチーム（個別チーム）を作れば済む話です。

参考までに，大人数のチームはどういう傾向があるのかと言えば，人数が多くなればなるほど，プロジェクト内での一人当たり関わり度合いは薄まり，「社会的手抜き」が増えます。社会的手抜きとは，集団の中で作業に対して正当な評価がされないと感じた社員が自覚無自覚に関わらず手抜きをする現象です。リーダーがこれを回避するだけのパワーの持ち主なら多少人数を増やしても大丈夫でしょうが，むやみにリーダーの負担を増やす必要もありません。

第3節
キックオフ式の準備と開催

1.オリエンテーション

オリエンテーションの流れ

　コアチームリーダーによるメンバー候補への声掛けが終わったら，プロジェクト発足のためのオリエンテーションを開催します。英語の「Orientation」には適応や方向づけという意味がありますが，オリエンテーションでは，メンバー候補たちにプロジェクトの方向性を示した上で，プロジェクトへの参加と適応を図ります。

　組織変革プロジェクトにおけるオリエンテーションは次のような形式で行います。今の時点では，予想外に時間がかかる点に留意していただければと思います。

オリエンテーション概要

メンバー	社長，コアチームリーダーとメンバー候補（3〜7名）
場所	社内でも社外でも可
所要時間	半日〜1日
流れ	社長のあいさつ（3分） 変革コミットメント開示（30分〜） メンバーの確定（30分） チーム目標設定（2時間〜）

社長あいさつ

　オリエンテーションは社長のあいさつから始まります。「社長のあいさつ」なんて言うと「自律型組織にするのにそんな儀礼が必要なのか？」と疑問に思う人もいることでしょう。しかし，どんなあいさつにも目的

があります。オリエンテーションの場合のあいさつなら集まっていただいたメンバー候補たちに対してメンバーになってもらうことが目的です。

　今後，いろいろな場面であいさつをすることがあると思います。その際，目的を持って行うあいさつの一例として，オリエンテーションでのあいさつ例を挙げておきます。参考にしてください。

【社長あいさつ例】

本日は①オリエンテーションに参加していただきありがとうございます。
　皆様が①こうして集まっていただいたのは，②多少なりとも組織変革に興味があったからだと思います。であれば③私もそのことをしっかり受け止め，私の想いをしっかり伝えたいと思います。
　その上でメンバーになるかどうか意思決定していただければと思います。よろしくお願いします。

　上記のあいさつ例ではポイントになる箇所に網掛けしました。それぞれのポイントの意味は次のとおりです。

①メンバー候補に対する配慮

　オリエンテーションに参加したメンバーは，この時点では，自発的に参加したというより，「参加させられた」という気持ちの方が強くあります。人には無意識のうちに自己評価や自尊心が低下しないように自分を守る心理傾向があるからです。しかしリーダーからの声掛けに応じて自ら参加意思を示したわけですから「参加してもよい」という本音もあるはずです。

　したがってあいさつはこの心理に配慮した言葉を使います。じつは「オリエンテーションに参加していただき‥‥」「こうして集まっていただき‥‥」といった言葉は，使うだけでこの配慮になるのです。これだけで彼らは自ら参加したことを自覚します。

②正式メンバーになることへの抵抗感緩和

　参加していることに自覚的になったとしても，この時点では抵抗感を持っている者がほとんどでしょう。オリエンテーションのことを「何かを押し付けられる場」と思い込んでいるのです。

　じつは抵抗感は自分の参加動機を思い起こすだけで減ります。その参加動機を思い起こさせる言葉が「多少なりとも組織変革に興味があったからだと思います」です。この言葉を添えることで「たしかにそれは否定できない」とメンバー候補たちは気づき，正式参加することへの抵抗感を減らします。

③正式メンバーになることへの断る理由を減らす

　アメリカの心理学者ミルトン・エリクソンは，「A（理由）だからB（伝えたいメッセージ）」という話法が，心理的な抵抗感を減らすと説きました。上記の例で言えば，「であれば私もそのことをしっかり受け止め‥‥」がそれに当たります。このような流れでオリエンテーションの目的を伝えればメンバー候補たちは理由もなく断るようなことはしなくなります。

④こんなあいさつはしてはいけない

　上記のあいさつがメンバー候補たちをそのままメンバーにするあいさつの仕方です。逆にやってはいけないあいさつも添えておきます。

【やってはいけないあいさつ例】
みなさん，おはようございます。 　リーダーからも聞いていると思いますが，このたび組織変革プロジェクトを立ち上げることにしました。 　まずは，私の方から，どうして組織変革が必要なのかについて，お話します。

　上記のようなあいさつをする社長は多いと思います。しかしこのあいさつは次の2点でメンバー候補たちの参加意欲を削いでいます。

- すでにこのメンバーでプロジェクトを行うことが前提になっている。
- 一方的に社長の想いを伝えようとしている。

　これでは，参加したメンバー候補たちは，トップダウンの手足として集められたのだなとしか思わなくなります。そして，断る自由が最初から無いことも分かっていますから「命令だから仕方ない」というスタンスでプロジェクトに関わることになってしまいます。

変革コミットメント開示

　あいさつが終わったら「プロジェクト目的の共有」を図ります。これは社長の作成した「変革コミットメントシート」をメンバーに渡し話し合うことで行います。

　社長にしてみたらこのプロセスはできるだけ簡単に済ませて次に移りたいところですが，ここをしっかり行わなければなりません。1時間はかけないと社長のコミットメントは伝わらないと考えた方が良いでしょう。

　いきなり集められたメンバー候補たちは経営の視点はまず無いものと思ってください。多少経営に対する興味・関心のある者でも，普段は自分の役割に徹しているため経営という広い視野は持っていないものです。経営と管理の区別がついていない状態だと思ってください。

　そういうメンバー候補に対して「変革コミットメント」がしっかり伝わるためには次の方法をお勧めします。このやり方は変革コミットメントに関わらず，社長から社員へ大切なことを伝えるときに使えます。

【社長から社員へ大切なことを伝える方法】
●大切な話はかならず文章にして伝える。
●社長からの説明はできるだけ短く，メンバー同士の話し合いは多く。
●社員から疑問が出されても説得しない。どうしてそう思うのか質問する。
●社員から理由を求められたら一般論ではなく体験談で語る。

　メンバー候補たちからの疑問がほぼ解消されたと感じたらオリエンテーションは次の段階に進みます。

メンバーの確定方法

　メンバーの確定には社長は関わりません。コアチームリーダーがメンバー候補一人一人に対してメンバーになる意思を確認するやり方で行います。

　まず，リーダーはメンバー候補たちに対して，プロジェクトに対する距離を測る質問をします。たとえば「ここまでの話し合いでどう感じましたか?」といった質問です。これに対する返事で，メンバー候補の意欲はだいたい分かります。

メンバー候補の反応とプロジェクト参加の可否

メンバー候補の反応	結論
はっきりした意思表示（強い参加意欲） 例　「ぜひ参加したい」	参加
謙遜気味の意思表示（まあまあの参加意欲） 例　「話は分かったけど，果たして役に立てるかどうか‥‥」	
逃げ道をつくった上での意思表示（普通の参加意欲） 例　「忙しいのでどこまで携われるか分からないけど‥‥」	

受動的な意思表示（無関心） 例　「会社の命令なら仕方ないけど‥‥」	本人に判断させる
意思表示しない（参加意欲無しまたは体調が悪い） 例　無言またはため息	

　おそらくオリエンテーションの場で意思表示しない社員はいないでしょう。あまり乗り気でない社員でも受動的な意思表示はするはずです。会社を辞めるつもりの社員なら，できるだけ新しいことに関わりたくないから返事をしない可能性もありますが，このような社員に対して，そもそもリーダーは声掛けをしないと思います。

　最終的に誰をメンバーに入れるかはリーダーが決めます。リーダーはある程度予想の上で声掛けしているはずですから，ここから先はリーダーに任せるしか無いということです。上記の返事を聞いた上で，リーダーは「みんなと一緒に働きやすい会社にしたいと思うので，ぜひ私に力を貸してください」といった感じの誘いの言葉をかけます。そうしたら，無関心だった社員も返事をしてくれると思います。

　なお上記の際，メンバー候補たちにプロジェクト参加メリットを伝えなければならない場面もあるでしょう。そんなときは次の点を伝えてください。

【プロジェクト参加メリット】
1.経営感覚が身につく 　管理の視点において，業務とは問題解決のことです。あるべき姿に対して，欠けていることやそこに達していないこと（問題）を何とかするのが仕事です。これに対して経営の視点はあるべき姿（課題）を示すことです。この視点転換は，通常業務だけで身につくものではありません。経営の意思決定に参画することではじめて身につきます。

2. 人間力が磨かれる
今まで他人の話をまったく聞こうとせず，言われたことだけやっていた者も，コアチームに入ることにより他者視点と自分視点の融合を図るようになり，より広い視点を持ち，知的作業や対人関係をするようになります。

チーム目標設定（コアチームビジョン）

われわれはオリエンテーションと言うと初回の連絡会議くらいの気持ちでできるだけ簡単に済ませようとします。しかし，組織変革プロジェクトのばあい，オリエンテーションが，メンバーひとりひとりの人生の転機となるくらいの気持ちでいてください。そのためにオリエンテーションは丸1日かけても良いとまで考えています。

オリエンテーションでもっとも重要なことは「チーム目標設定」です。目標と言うと，上から与えられるノルマをイメージする人がいるかもしれませんが，ここでの目標にそういう意味はありません。メンバーひとりひとりの想いを語ってもらい，そこからうかがえる興味，能力，価値観を共有し，チーム目標をつくり上げることです。具体的には，目標設定は次のやり方で行います。

【チーム目標設定のやり方】

1. 最初にコアチームリーダーは，組織変革のため，これから半年～1年かけて，キックオフ式，中間ワークショップ，方針発表会を行うことを伝えます。
2. その後，コアチームメンバーは，聞き手1人，話し手1人，オブザーバー1名以上に分かれます。
3. 聞き手は，話し手の仕事でうまくいったときの話，または学生時代も含めてチームワークでうまくいったときの話を引き出します。
4. オブザーバーは，この話を聞きながら，話し手の「強み」「価値観」をメモします。

5.インタビューが終わったら，オブザーバーは自分の書いたメモを読み上げます。

6.全員が語り終えたら，そのうえで，どういうコアチームでありたいか，メンバーひとりひとりはどういう役割を果たしたいのかを話し合います。

7.メンバーの温度が十分に高まったと思ったら，リーダーは「プロジェクト完了時，社員たちがどういう気持ちになっていたらプロジェクトは成功したと言えるだろうか?」などの問いをメンバーに投げかけ，話し合いによりチーム目標を設定します。

8.チーム目標設定にともない，コアチームに「チーム名」を付けたほうがより一体感が増します。

9.チーム目標が定まったら，必ず記録に残します。目標は，できれば模造紙など大きな紙などに，絵や大きな文字などで残したらよいでしょう。

　なお，チーム目標は，次のような文言が考えられます。たとえば「コアチームメンバーが社員たちから胴上げされる」または「方針発表会にステークホルダーを100人呼ぶ」などです。このくらい具体的なイメージで達成した状況を描くことが大切です。また，これくらいのチーム目標を立てないとプロジェクトは力強く動き出しません。

2.ミッション案のつくり方

ミッション案のつくり方

　組織変革プロジェクトでは，半年から1年かけて，ミッション，ビジョン，経営方針を策定し，それを経営デザインに落とし込んでいきます。ミッション案づくりは，オリエンテーションのあとコアチームが最初に行う作業です。ミッション案は次のプロセスを経てミッションとなります。

　そのミッション案ですが，次の問いに答える形で，コアチームが話し合って策定します。

ミッション作成プロセス

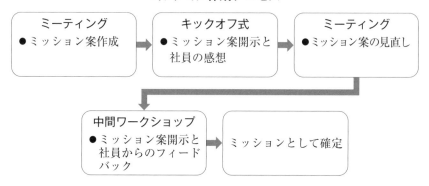

ミーティング	キックオフ式	ミーティング
●ミッション案作成	●ミッション案開示と社員の感想	●ミッション案の見直し

中間ワークショップ	ミッションとして確定
●ミッション案開示と社員からのフィードバック	

【ミッション案づくりの問い】
社会から見て自社が存在しなければならない理由は何か?

　ミッション案づくりを実際にやってみると話し合いの難しさに気づくと思います。われわれは，普段の仕事で染みついた「結論を早く出そうとするクセ」を持っていますが，このクセを持ったままではミッション案はつくれません。最初に断っておきますが，ミッション案をつくるためには最低でも2～3時間はかかると思ってください。最初の1時間くらいの話し合いはほとんど意味を成していないことがほとんどです。

　U理論で有名なマサチューセッツ工科大学のオットー・シャーマー博士は，会話には4つのフィールドがあると言っています。

【会話4つのフィールド】
1. ダウンロード 　われわれが普段行っている会話はほとんどこれです。この種の会話は，礼儀正しい敬語を交わすこととその場の支配的なパターンに参加者が従うことが求められています。 　例)「業務は順調ですか?」「お蔭さまで順調です」

2.討論
　　白熱した会議はこのフィールドにあります。人と異なる立場を取り，異なる考え方を示します。自分とは異なる考えを打ち負かそうとする意欲があります。
　　例）「業務は順調ですか?」「ひどい状況です」
3.対話
　　相手がほんとうに言いたいことを感じ取り，お互いの意見を探求し合います。
　　例）「業務は順調ですか?」「なんとも言えませんね。ところであなたは?」「こちらも同じです。ちょっと気になることが発生しています」「ほんとうに?　それは興味深いですね。そのことについて私に話してくれませんか?」
4.プレゼンシング
　　気の合う者との安心できる場での対話は深い内省ができます。そこから「ああ，こうすればいいのか」という気づきが生まれます。

　ミッション案はダウンロードや討論ではつくれません。プレゼンシングとは言いませんが，少なくとも対話にならないとミッションは見つからないと思います。

　では対話をするためにはどうしたら良いのでしょうか。じつは対話は討論を経たほうが実現しやすい場合があります。とくに会社に対する不信感が強い組織のばあい，一度は討論状態に陥ったほうがよいかもしれません。

　このような組織では，多くの社員が会社に対して不満を持っているにもかかわらず，人間関係も希薄でお互いが疑心暗鬼に陥っているため，おもてだって会社の悪口を言う人はいません。このような会社での会議は，まずまちがいなくダウンロードになります。

　しかしダウンロードだけの会議は会社に不満のある者にとっては苦痛以外のなにものでもありません。他人ごとで済ませられる話ならただ座っているだけで済みますが，何らかのしわ寄せが自分に及ぶとなると話は別です。一気にこれまでの不満が噴出します。

私も社員研修で，このような組織に入ることがありますが，かならず初期の段階で討論を起こさせます。討論というより会社に対する悪口合戦，ヘタしたら喧嘩です。上司の方には事前に「もしかしたら会社の悪口合戦になるかもしれません」と伝えてはいますが，実際にそういう状態になると上司はハラハラした顔で私の方を見ます。しかし討論モードはだいたい1時間程度で終わり，次第に対話モードへと変わります。

　なぜ討論モードは1時間程度で終わるのでしょうか。こういう組織の社員はお互いに相手のやる気のない姿しか見ていないので，会社の悪口とは言え，理想の会社像を語っている姿を見て，「え，この人ここまで考えていたの?」と見直すからです。この気づきに達した段階で，場のムードはガラリと変わり，対話モードへと移行します。

会社の悪口で紛糾したばあい

　ところで，上記のように会社の悪口合戦になったばあい，ファシリテーターは何をしていたらよいのか，さきほどのプロセスを今一度整理してみます。

【悪口合戦のプロセス】
1.誰もしゃべらない段階 　本当に人間関係のわるい組織のばあい会議は誰もしゃべらないことから始まります。ファシリテーターが質問をしても「特にありません」「別にありません」としか言いません。
2.誰かが口を開く段階 　ずっとしゃべらない会議を続けているうちに，しびれを切らす者が現れます。しゃべらない理由を「だいたい‥‥」「そもそも‥‥」という形で指摘します。

3. 堰を切ったように悪口合戦に陥る段階
　上記のように誰かが口を開くと，同じように不満を持っている者たちも堰を切ったように会社に対する不満を語ります。あたかも悪口合戦のようになります。

4. みな同じ不満があることに気づく段階
　全員が不満を一通り言い終えると，みな同じような会社に対する不満があることに気づきます。そこから前向きな意見を言うものが現れます。

5. 対話段階
　前向きな意見を出す者が1人現れると，それをきっかけに様々な角度からアイデアが出されるようになります。

　どうして一通り不満を言い終えると前向きな意見がでるのでしょうか。じつは不満というものは，明らかな問題であるばあいは意外と少なく，多くは「歪曲」「省略」「一般化」と呼ばれる心理バイアスから生じています。ですから，自分の感情に論理性が無いことに気づけば，自ら考えを修正できるのです。

　ですからファシリテーターはとくに何もしなくても自然に討論は収束すると思ってください。

　とは言うものの，何もしないと不安でしょうから，主なテクニックとして3つ挙げておきますので参考にしてください。

不満に対するファシリテーションスキル

	意味・現れ方	掘り下げ方
歪曲	憶測やこじつけを理由にすることを言います。たとえば，「この先頑張っても給料は上がることはない」などです。	「この先頑張っても?」「どこでそれを感じました?」などのような質問で掘り下げます。

省略	「誰が」「何を」「どのように」などを省略して結論だけが独り歩きしていることを言います。たとえば、「うちの会社は指示命令があやふやでやりづらい」です。誰がどのような場面であやふやな指示命令をしているのかがはっきりしていません。	「それはどういう風にあやふやですか?」などのような質問で掘り下げます。
一般化	「いつも」「みんな」「誰でも」「絶対」といった枕詞が付くことを言います。たとえば「みんな働き方改革なんてやらない方が良いって言っている」などです。	「みんな?みんながそう言っているのですか?」などのような質問で掘り下げます。

3. キックオフ式のやり方

開催までに決めておくこと

日時	キックオフ式の日時，参加者，開催場所については開催の1カ月前には決まっていることが基本です。最低でも2週間前くらいには決めるべきでしょう。参加者を誰にするのかによって開催日や時間帯が限定されると思いますので，それぞれの会社の状況に応じて決めてください。
参加者	キックオフ式の参加者は理想的には社員全員です。ただし，なかなかそうもいかないでしょうから，部署ごとの調整で決めてください。コアチームが独断で参加者を決めてしまうと参加できなかった者が排除されたように思ってしまいますので注意が必要です。 　なお，参加者には正社員だけでなくパートやアルバイトも入れることをお勧めします。パートやアルバイトの方が社風に染まっていない分自由な意見が出る可能性があります。
開催場所	一般的には社内の会議室等ですが，貸し会議室などを使っても構いません。会社以外の場所で行う方が議論は盛り上がることがあります。

	会場は，「島形式」でセッティングします。島形式とは，下の図のように，テーブルを島のように配置する形式です。
会場レイアウト	**会場レイアウトの例** 社長 ホワイトボード 司会 （コアチームリーダー） コアチームメンバー 上の図は会場レイアウトの一例です。この例では，各テーブルに6名ずつ座り，司会はコアチームリーダー，各島（個別チーム）にコアチームメンバーがひとりずつ入っています。
司会者・ファシリテーター	当日の司会およびファシリテーターを予め決めておきます。人選は，メンバーの得手不得手を考慮の上，コアチームで決めます。必ずしも，コアチームメンバーしかダメとか，リーダーが司会しなければならないとか，社長は何もやってはいけないとか，そういう決まりはありません。外部ファシリテーターに依頼しても構いません。
意図合わせ	意図合わせとは「キックオフ式終了時，参加者にどのような状況になってもらいたいか」を話し合うことです。キックオフ式の前に，意図合わせをしておくことで，コアチームメンバー一人一人の指針ができ上がり，自由に判断できるようになります。

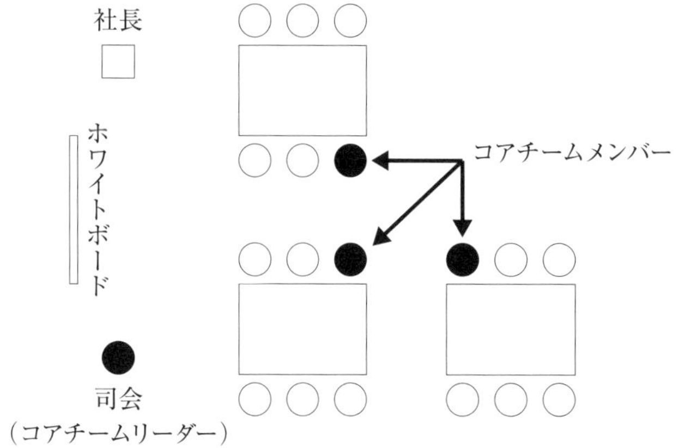

キックオフ式の流れ

つかみ	あらゆるイベントごとは最初の「つかみ」が大切です。ここで言う「つかみ」とは，「想いの伝わる語り」や「説得力ある説明の言葉」だけでなく，目で見える何かを示すことも含みます。 キックオフ式においてもまず導入で興味・関心をひかなければ社員にとって退屈な行事になってしまいます。「どうせいつもの会議だろう」くらいの受け止め方をされてしまうと自律型組織への変革はスタートからつまずくことになります。そのためには，社長は社員に向けて，なぜ自律型組織にしようと思ったのか，その背景や理由を「つかみ」として説明する必要があります。 **【キックオフ式における「つかみ」の例】** ●創業から今までの歴史 ●社内環境を客観的に示した表 ●外部環境変化のグラフ
ミッション案の発表	コアチームより社員に向けてミッション案を開示します。どういう経緯でこのミッション案ができたか，どういう想いがこのミッション案に込められているのかを説明します。
ワーク1	**自社の強みの抽出（40分〜60分）** ワーク1は社員の考える自社の強みの抽出です。社員の考える自社の強みはミッション（自社の存在目的）につながります。このワークで抽出できた言葉が上記のミッション案をミッションに昇華するヒントになります。 ファシリテーターは下の例のような「問い」を投げかけ，20分〜30分程度テーブルごとに話し合いをしてもらいます。 **【ワーク1の問いの例】** ●この会社のいいところは何ですか？ ●この会社に入って良かったと思った点はどこですか？ ●どんな場面でこの会社の良いところが分かりますか？ テーブルごとの話し合いが終わったら，ファシリテーターは各テーブルでどんな「自社の強み」がでたのか聞き出し，ホワイトボードに書き込みます。

ワーク2	**社員の考える将来像の抽出（40分～60分）** ワーク2は社員の考える将来像の抽出です。ここで抽出できた言葉が次の中間ワークショップで提案するビジョン案の基になります。 ファシリテーターはワーク1と同じやり方，時間配分でアイデアをホワイトボードにまとめます。 **【ワーク2の問いの例】** ●会社が10年後大変身を遂げました，どんな会社になっていると思いますか？ ●後継者が社長になった後，どんな社風になっていることを期待しますか？ ●自分の将来を考えた時，この会社がどうなっていたら良いと思いますか？
シェア	キックオフ式の感想を島ごとに話し合ってもらい，島の代表の方にどんな感想がでたのか発表してもらいます。

アンケートと反省会

　当日，キックオフ式が終わったら，アンケートをとります。コアチームで内容を決めますが，参考例を示せば次のとおりです。

【キックオフ式アンケート（例）】
1.ミッション案に対する共感度は10点満点でどのくらいですか？ 　　　 0　1　2　3　4　5　6　7　8　9　10
2.組織変革プロジェクトを立ち上げたことに対する共感度は10点満点でどのくらいですか？ 　　　 0　1　2　3　4　5　6　7　8　9　10
3.キックオフ式の中身についての共感度は10点満点でどのくらいですか？ 　　　 0　1　2　3　4　5　6　7　8　9　10
4.このプロジェクトによって組織が良い方向に変わる期待度は10点満点でどのくらいですか？ 　　　 0　1　2　3　4　5　6　7　8　9　10

なお，アンケートの集計は，キックオフ式終了後すぐに行います。そして，その点数で今後の進め方を決めていきます。一応，参考基準を示せば以下のとおりです。

アンケートの結果と今後の進め方の基準（例）

プロジェクト支持率	基準
70％以上	このままプロジェクト継続
50〜69％	社員の意見を聞き取り，改善策を検討する
49％以下	プロジェクト中断

　上記の基準のとおり，最悪のばあい，プロジェクトはキックオフ式で終わります。平均で半分以下の支持率しかないということは，無理に続けようとしても社員がついて来ない可能性が高いわけですから，そうするしかありません。こうなってしまったら，しばらく時期を置いてから，仕切り直しで再度キックオフ式をやるのが良いと思います。

キックオフ式当日の注意点

①4：2：4の法則

　4：2：4の法則とは，研修などにおいて本番そのものよりも，事前や事後が大切という法則です。

- ●事前準備：4
- ●本番そのもの：2
- ●その後の活用：4

　この法則を提唱したウェストミシガン大学のブリンカーホフ教授はこう言っています。

　「通常，私たちがこだわりがちな研修プログラムの内容そのものは成果にはあまり影響がない。受講者の学習に向かう事前の準備姿勢や，学

んだ内容を事後に活用する上での環境上の障害が8割を占めている」。

　キックオフ式に限らず，この後の中間ワークショップや方針発表会においても，4：2：4の法則は生きていると考えます。したがって，当日だけうまくやろうと考えるのは間違いです。入念な段取りと終わった後のフォローの方が大切だと考えてください。

②チーム目標を思い出す

　コアチームメンバーは，キックオフ式の最中に限らず，プロジェクトの開催中，様々な迷いや焦燥感，または無力感などにかられることがあります。そんなときはチーム目標を思い出すことが大切です。これにより，ポジティブな気分を保つことができます。また，目標に向かって適切な判断が可能になります。

③ホワイトボードにアイデアを記載し写真を撮る

　形式的な会議だと記録を残す会社でも，ワークショップでは記録を忘れがちです。いっけんまるで雑談のような話し合いに見えるので記録が必要ないと思い込んでしまうのか，それとも会社や人間関係に関する本音を記録することに躊躇してしまうのか，または島に分かれて一斉に話し合うので記録自体が難しいからなのか，理由はいろいろでしょうが記録が残らない傾向があります。

　しかし，これはものすごくもったいない話です。なぜならワークショップでこそ本音が出ていますので，この本音を残さない手はありません。特に当プロジェクトにおいては，これら本音が今後のミッション，ビジョン，経営方針につながるわけですから，必ず記録で残さなければなりません。

　ワークショップの記録は，ホワイトボードを使って行います。そし

て，そこに書かれたアイデアは写真を撮って残します。こうすれば手間もかからず効率的に記録が残せます。

第5章 ミーティング・ワークショップのやり方

第1節
中間ワークショップの準備

1. ミーティングのやり方

中間ワークショップに向けてミーティング開始

キックオフ式が終わりましたら，さっそく中間ワークショップに向けてミーティングを開始します。ちなみに中間ワークショップという名称は，キックオフ式と方針発表会の中間に行うワークショップなので便宜上そう呼んでいます。中間ワークショップの目的は，社員を「できるだけ多くの社員を組織変革に巻き込む」，「できるだけ多くの社員に経営デザインに参画してもらう」です。開催時期は，キックオフ式後，準備ができたらいつでも構いません。また，方針発表会までの間に何回行っても構いません。

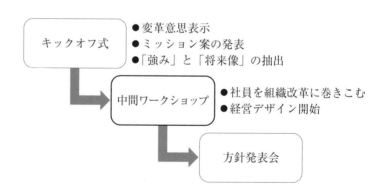

キックオフ式が組織変革プロジェクトのスタートだとしたら，中間ワークショップは経営デザインのスタートと言ってよいでしょう。多くの社員にとって，キックオフ式の段階では，まだ「上層部のプロジェク

ト」くらいの認識しかありませんが，中間ワークショップ以降は，次第に社員全員がプロジェクトを自分事として捉えるようになります。逆に言えば，そうしなければ中間ワークショップを開く意味もありません。これらのことからしっかりとしたミーティングを行い，念入りな事前準備をします。

ミーティングにありがちなミス

　これから中間ワークショップに向けて，何度かミーティングを行うことになりますが，その際，いくつか注意点があります。もし，次のようなミーティングを行っているようだったら，意識して改善に努めてください。これらのミーティングは，従来型組織においてはごく当たり前のことかもしれませんが，このようなミーティングを行っている限り，組織の自律化は遠ざかりますので注意が必要です。

①結論を押し付けて終わるミーティング

　多くのミーティングは，いまだに部下の行動に対する一方的な原因究明と課題解決のために行われています。「なぜ，目標未達なのか」「どうしてできないのか」などと叱責をまじえた質問し，「これぞ原因」を思われるものを発見したら，こんどは「ああしたらよい」「こうしたらよい」といった一方的なアイデアを押しつけるやり方です。

　言うまでもありませんが，こういうミーティングはほとんど効果がありません。支配欲から出たアドバイスは，相手の状況に合っていないばかりか，部下の自己効力感を下げるので二重の意味で効果はありません。たとえ，そのアドバイスが正論だったとしても，これでは部下は行動に移さないでしょう。

　たしかに一昔前なら，「仕事は不平不満を言わずに言われたとおりに

やれ!」が正論でした。しかし，それが正論だったのは，このころの仕事が単純作業中心だったからです。書類の書き写し，検算，コピー取り，書類整理，書類を持って行くだけの訪問‥‥。苦痛だろうと辛かろうと言われたとおりに身体を動かしてさえいれば仕事は進展しました。

　しかし，ネット社会となった今，身体を動かしていれば進展する仕事は半減しています。代わりに増えたのは，情報の発信，加工，取得です。これらの仕事は，よりネットワーク量の多い者に集中する傾向があります。自らネットワークを増やすために自発的に行動できる者が有利ということです。このように自発性が求められる時代になったのに，ミーティングは上司の支配欲によるアイデアの押し付けでは，やるだけ時間のムダと言われても仕方ありません。

②結論のでないミーティング

　上記のようなアイデアを押し付ける上司がビジネスマンとして能力が劣っているかと言えば，かならずしもそうではありません。どちらかと言えば問題意識が高く，持論を持っている優秀な人物であることが多いように思います。しかし，皮肉なことに，このような人物が部下の自発性を妨げています。

　では，ミーティングにおいて上司は何の意見も持たずに，部下の話したいように話させればよいのかと言えば，それも間違いです。

　たとえば，すべてのメンバーが意見も問題意識も無いミーティングは誰もしゃべらないものになります。上司が一通りの話をして，最後に「何か質問や意見はありますか?」と投げかけ，全員が「特にありません」と言って終わります。よくあるシャンシャン会議です。

　もし，かりに1人だけ「ご意見番」が加わったらどうなるでしょうか。今度はその人の独壇場になります。そのご意見番が日ごろから唱えてい

る「これぞ問題」「これぞ答え」を語りだします。けれどもその意見は
ご意見番1人の意見に過ぎないことをみな分かっているから，誰も積極
的に賛同せず，はっきりした結論の無いまま終了します。

　さらにもう一人「ご意見番」が加わったらどうなるでしょうか。今度
はこの二人のやり取りでミーティングは終始することになります。こう
なってしまうと，上司は，場を収めることに終始することになりかねま
せん。その結果，結論が無い，または玉虫色の結論を出して終わること
になります。

　このようなミーティングをアメリカの経営学者M.コーエン，J.マー
チ，J.オルセンは「ゴミ箱モデル」という理論で説明しています。目標
が不明確なミーティングは，あたかもそのときに投げ込まれるゴミによ
って左右されるゴミ箱の中身のように偶然でき上がる，つまり，誰が参
加するか，そのメンバーがどんな持論の持ち主かによって，ミーティン
グの流れが決まるのでこの名前がついています。

　このとおりミーティングは誰も問題意識もなく行っても機能しませ
ん。かと言って，上司から部下へアイデアを押し付けるような上意下達
型のミーティングも部下の自発性を損ねてしまいます。では，どのよう
なミーティングを行えばよいのか，機能的なミーティングを行うために
は以下の準備をします。

ミーティングの事前準備

①ミーティングのゴールイメージを踏まえた議題設定

　ミーティングには相反する意見の決着をつける目的もあります。たと
えば，「ワークショップはできるだけ全参加でやりたい，そのためには
会場を早めに押さえておきたい」というコアチーム側の要望に対して，
社員から聞こえてくる話が「効果がどれだけあるのか分からないのに，

全員参加なんて馬鹿げている，少なくとも繁忙期にやるのは無理」など
があったばあいです。

　このばあい，ありがちなのは「とりあえずミーティングでどうするか
話し合おう」とゴールイメージを持たずに開催することです。しかし，
このやり方では，納得感ある結論にならないばかりか，コアチーム全体
のムードを下げることにもなりかねません。

　たしかに，メンバーの意見を聞かずに勝手にゴールは設定できないの
は分かります。しかし，チーム目標が何だったのか思い出してもらいた
いと思います。チームの最終ゴールは最初から決まっているのですか
ら，それに沿ったミーティングゴールを定めれば良いのです。

　上記の例で言えば，「メンバーも社員も納得し，かつわれわれの目的
も達成できる中間ワークショップの開催時期，規模，内容を決める」の
ようなゴール設定になります。

　すると，そこから議題もはっきりしてきます。まず「中間ワークショ
ップの目的の再確認」が必要かもしれません。そのうえで「その目的を
達成するための中間ワークショップの内容・規模・時期」を話し合うこ
とになると思います。

②「テーマ」ではなく「問い」を持つ

　上記のようにはっきりとした議題がないばあい，議題ではなく「テー
マ」だけを決めてミーティングを行うことがあります。しかし，「テー
マ」だけだと，うまく行かないことがあります。すでに信頼関係のある
メンバーや熟練のファシリテーターがいればかえって創造的な場になる
こともありますが，人間関係がまだできていないうちに「テーマ」だけ
のミーティングをすると，へたすれば先ほど書いたような「ゴミ箱モデ
ル」のようになってしまいます。

　なぜ「テーマ」ではうまくいかないのでしょうか。じつは「テーマ」では括りが大きすぎるのです。リーダーは，ぼんやりとある問題意識を「テーマ」として掲げるだけなので楽かもしれませんが，メンバーにとって「テーマ」とは，方向性の無い漠然とした話しづらい議題でしかありません。たとえば「経営ビジョンをテーマに話し合いましょう」というだけでは，メンバーそれぞれ観点が異なるので，手探りしながら意見を出すしかないのです。結果，声の大きい者の持論ばかりが幅を利かせることになります。

　ではどうしたら良いのでしょうか。このばあい，「経営ビジョン」という「テーマ」を掲げるのではなく，「将来あなたが最大級に自信を持てる仕事をしているとしたらそれはどんな仕事ですか?」のような「問い」を与えることが大切です。「問い」を投げかけることにより，メンバーは自己探求するようになります。そして，自己探求から出た言葉のやり取りが進めば，新しい概念が創造されやすくなります。そして二次的な効果として，声の大きな者による持論展開の防止にもなります。

③「つかみ」になる情報を用意する

　キックオフ式のところでも書きましたが，ミーティングにおいても「つかみ」は大切です。「つかみ」とは，相手の興味・関心をひくことですが，これに失敗したミーティングは，メンバーにとって関心の薄い退屈なものになり，アイデアの少ない連絡事項を共有するだけのものになりがちです。

　このようなミーティングにしないためには，まずリーダーは，メンバーに問題意識を持ってもらうための「つかみ」となる情報を事前にまとめておきます。

ミーティングにおける「つかみ」の例

意思決定型	「予算達成状況表」や「市場シェアのグラフ」を事前に示すことが「つかみ」になります。 ※エクセルでできた雛形があり，そこに数字を入れるだけの資料だとマンネリ感により「つかみ」の効果が薄れるので注意が必要です。
アイデア出し型	人手不足の解消についてアイデア出しをするのであれば，「現在の人手不足状況グラフ」などが「つかみ」になります。

　ちなみに，「つかみ」は，レジメでも，パワーポイントでも構いません。ばあいによっては動画でも良いでしょう。グラフや映像など，できるだけ直感的に伝わるものの方が効果は上がります。

議事録のポイント

　議事録が必要だなんて言うと，自律型組織なのにそんな古臭いものが必要なのかと思う人もいるかもしれません。

　しかし，どんなに時代が変わろうとも「要望」「意見」，そこに至った「背景」，話し合った結果合意した「目標」「方策」については記録を残すことの重要度は変わりません。それを記載したものを議事録と呼びます。

　議事録の必要記載事項は次の5点です。

要望・意見	相手または自分の要望・意見を書き残しておきます。
上記の背景	その要望・意見に至った背景や理由などを書き残します。どうして上記の要望・意見になったのか，共感するようにストーリー調に記載した方がよいでしょう。
合意した目標・方策	話し合った結果，合意した目標と方策はしっかり書き残します。目標・方策は箇条書きが適しています。

　議事録を作成するにあたり留意してもらいたいことは，読み物として分かりやすく作ることです。従来型組織の会議のようにホウレンソウを記載する形の議事録ではありませんのでストーリーを大切にしてください。ミーティング中は対話に集中し，終わった後にストーリーを構築した方が，読み物として分かりやすい議事録になります。そのためには，話し手の感情が入った部分は相手の視点に立ち共感的に聞きとってください。

　このとおり読み物として作成した議事録は，次回の事前準備に利用できますし，次回の議題づくりにも役立ちます。今の時代「文字起こしアプリ」を使えば，発言を文字起こしする労力は，かなり削減できます。

抱え込まずミーティングを活用する

　ときどきミーティングを開きたがらないリーダーがいます。リーダーがミーティングの必要性を分かっていないとこのような状態になるのですが，これを私は「抱え込み」と呼んでいます。

　「抱え込み」は，リーダーが「責任感が強い」「完璧主義」「内向的」な性格だと起きやすいようです。いっけん好ましい姿勢に見えるかもしれませんが，リーダーが「抱え込み」をすると，組織の自律化を妨げてしまいます。自律型組織はミーティングでアイデアを出し意思決定をする組織のことなので，リーダーの抱え込みは意識して防ぐ必要があります。

　問題は「抱え込み」は自覚が難しいことと，外からでは「没頭」と区別がつきづらいことです。たとえば，ある業務を一人黙って行っている人がいるとして，この人は抱え込んでいるのか，それとも没頭しているのか区別がつきません。どちらもひとり黙々とやっているのは同じだからです。

　しかし，しっかり観察すれば「抱え込み」と「没頭」の違いははっき

りと判ります。その違いをまとめれば以下のとおりです。

「抱え込み」と「没頭」の違い

	抱え込み	没頭
心理状態	苦しい，つらい，孤独感，誰にも相談できない	集中，やる気，やらずにいられない
仕事のやり方	誰にも相談しない，誰とも情報共有しない	自分の判断でどんどん行動する
ミーティング	自己開示しない，他者受容しない，当たり障りのないことしかしゃべらない	自分のアイデアをどんどん出す，他者の意見も取り入れる

　第1章で書いたとおり，自律型組織の定義は，「経営理念を拠り所に社員ひとりひとりまたはチームが各々現場で判断して行動する組織のこと」です。しかし，「各々現場で判断して‥‥」の部分を「抱え込み」だと解釈してしまうと，自律型とは正反対の組織になってしまいます。したがってリーダーは，自身の「抱え込み」防止の意味も兼ねてミーティングを開催したらよいでしょう。最初のミーティングのとき，何か月か先までミーティング日程を決めてしまえば，メンバーの抱え込みは未然に防ぐことができます。

webミーティングかリアルミーティングか

　コロナ禍によって急激にテレワーク，モバイルワーク，在宅勤務などが増えました。これに伴いミーティングの在り方も大きく変化しています。組織変革プロジェクトを推進するにあたり，webでできることはwebで行い，リアルで行うべきことはリアルで行う柔軟性も求められています。

　この状況を踏まえて，リアルミーティングの代わりとしてwebミーティングを考えている人は多いと思いますが，この二つは微妙な使い分

けが必要です。

　まず，テクノロジー的に，すでにwebミーティングはリアルとそん色が無いレベルです。ただし，同時発言の際の聞き取りづらさは完全に解決されていないので，現時点でのwebミーティングは，話し手と聞き手がはっきり分けられてしまいます。そのため，話し手はしっかりとした言葉でしゃべらなければならなくなり，話がかたくなりがちです。また，非言語情報（身振り・手振り・会場の雰囲気など）が伝わりづらいので，意識してオーバーアクションをする必要があります。

　Webだけのやり取りは，言語情報だけで理解し発信し，時にはチャットを使い，時には共同作業アプリを使用するなど，非常に頭を使うため，思った以上に疲労します。

　主催者の準備作業も，ミーティングの設計や資料の準備など，リアルミーティングに比べて増えます。また，リアル以上にファシリテーション能力が必要とされます。

　これらを踏まえると，組織変革プロジェクトにおけるwebとリアルの使い分けは次のようになります。

組織変革プロジェクト，webとリアルの使い分け

リアル推奨	オリエンテーション	社長コミットメントやメンバー選出の際，感情面を感じ取る必要があるので，リアルをお勧めします。
	キックオフ式 中間ワークショップ 方針発表会	会場全体の雰囲気や熱気を感じ取ることや，セレンディピティピティ（偶然の出会い，予想外の発見）の確保が必要なので，リアルをお勧めします。
web可	ミーティング	事前準備を行い，うまく進行できるのであれば，ミーティングはすべてwebで可能です。

2. ミッション案見直し

ミッション案の見直し手順

　中間ワークショップでは，コアチームの作成したミッション案・ビジョン案を発表します。したがって，コアチームは何度かミーティングを開催し，中間ワークショップまでにキックオフ式で発表したミッション案の見直しと新たにビジョン案を作成します。まず，ミッション案の見直しは以下の手順で行います。

【ミッション案の見直し手順】
1. キックオフ式でのミッション案に対する社員の反応やアンケート結果について，コアチームメンバーひとりひとりがどう感じたか話し合う。
2. キックオフ式の「会社の強みを抽出するワーク」に対する社員たちの意見について，コアチームメンバーひとりひとりがどう感じたか話し合う。
3. 上記1.と2.の話し合いの際，ファシリテーターは，意見の深堀を行う。たとえばメンバーの興味・能力・価値観が現れている箇所に質問やフィードバックを入れる。
4. 1.～3.を踏まえ，当初のミッション案を作成したときと同じ問い「社会から見て自社が存在しなければならない理由は何か？」を再度話し合い，ミッション案を見直す。
5. 議論しつくしたら社長の意思決定でミッション案は確定する。

「心理的契約」に対する配慮

　ミッション案を見直しするとき「心理的契約」を損なわないように配慮します。「心理的契約」とは，会社と社員との間の契約書などで明文化されている内容を超えて，相互に期待しあう暗黙の了解のことを言います。それを無視したミッション案をつくり上げてしまうと，社員の心は会社から離れてしまう恐れがあります。

　心理的契約は組織文化のようなものなので文書化されたり，それにつ

いて議論されたりすることはほとんどありません。社員ひとりひとりの中に無意識にしまわれています。

　心理的契約は，組織変革のときなど組織文化に関わる変化が起こったときだけ顕在化します。たとえば，おもてなしを売り物にしてきた旅館が，「接客の合理化により価格で勝負する」と方針転換を示したらどうなるかを考えてください。おそらくおもてなしにプライドを持っていた社員は心理的契約が損なわれたと感じるでしょう。そして，何人か辞めるかもしれません。このように，ミッションを見直す際は，現在，社員との間にどのような心理的契約があるのかを配慮します。

3. ビジョン案の作成

ビジョン案の作り方

　ビジョンはミッションの実現した姿のことです。異なる表現をすれば5年後～10年後の目標をビジョンと呼びます。これらミッション・ビジョンの向きを示すものが経営方針です。この関係を図にしたら下図のイメージになります。

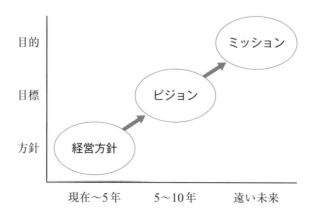

前ページの図のとおり，ビジョンはミッション実現の途中にあります。したがって，単純な言い方をすれば，ミッションが「世界中の人を幸せにする」ならば，ビジョンは「日本中の人を幸せにする」のような形になると言ってもよいでしょう。

　ただしビジョンはミッションの途中の姿を現すものであれば何でも良いのかと言えばそんなことはありません。

　まず，ビジョンは文字どおり映像だということを留意してください。社員ひとりひとりが自分自身の将来像と重ね合わせられる映像であることが，ビジョンには求められています。そのためには，社員ひとりひとりの年齢や興味，価値観などを把握しておくことが大切です。映像は「理解する」というよりも「感じる」効果があります。「感じる」は直感的なので，理解するよりも瞬時に伝わる性質があります。この性質を持つことでビジョンは周囲に拡散しやすい「波及効果」と，直感的に社員が同じ方向を向ける「指針効果」を持ちます。

　つぎにビジョンは社員を奮い立たせる原動力であることが求められています。

　次の言葉は，キング牧師（1929-1968）の「I Have a Dream‥‥」のスピーチ（1963）のハイライト部分です。

私には夢がある。いつの日か，ジョージア州の赤土の丘で，かつての奴隷の息子たちとかつての奴隷所有者の息子たちが，兄弟として同じテーブルにつくのを。
　私には夢がある。いつの日か，不正と抑圧の炎熱で焼けつかんばかりのミシシッピ州でさえ，自由と正義のオアシスに変身するのを。
　私には夢がある。いつの日か，私の4人の幼い子どもたちが，肌の色によってではなく，人格そのものによって評価される国に住むのを。
　私には夢がある。いつの日か，アラバマでさえ，黒人の少年少女が白人の少年少女と兄弟姉妹として手をつなげるようになるのを。

　このスピーチ，インパクトもさることながら，公民権法の制定（1964）につながったことから，最も優れたビジョンだと評価する人がいます。優れたビジョンは，聞く者たちに現状と理想のギャップを意識させ，その理想を実現しようと奮い立たせる原動力です。

　このとおりビジョンには，「波及効果」「指針効果」「原動力」の機能が求められています。

　では，どうやったら，このようなビジョンが作れるのでしょうか。私の勧めるやり方は次のとおりです。

①日ごろからビジョンのことを考え続ける

　ビジョンは，自分の中にある暗黙知に触れたときに現れます。映画を観たとき，仲間と飲んでいるとき，旅行に行ったとき，何らかの刺激によりビジョンは現れます。私のばあい，何かのセミナーやワークショップ参加したときや読書などである言葉に出会ったときなどです。日ごろから疑問を持って生活をしていると，ちょっとした刺激がビジョンにつながります。自分の傾向が分かってくれば意識的にビジョンの現れやすい場所に行くなどして，ビジョンを描けるようになると思います。

　したがって，当プロジェクトにおいてビジョン案をつくるときは，メンバーに対して事前に「来週ビジョン案を作りますので，将来の自社についてアイデアを考えておいてください」と宿題を出すなどの工夫があるとよいでしょう。

②対話をする

　対話は，ビジョンづくりにおいてもっともオーソドックスなやり方だと思います。とくにビジョン案づくりの段階は，「まず作ってみる」ことが大切なので時間をかけず対話中心で行います。完璧なものは作ろう

とせず，あくまでも「たたき台」として作成してください。以下の問い
を使ってコアチームでワークをすればそれなりのビジョン案はでき上が
ります。

【ビジョンづくりの問い】
（興味を聞く）将来の世の中はどういう風になっていそうですか？ （価値観を聞く）自社の将来はどうあってもらいたいですか？ （能力を聞く）自社の力でどういう世の中にできそうですか？

③「すでに起こった未来」を考える

　「すでに起こった未来」はドラッカーの提唱した言葉です。たとえば
国の人口構造は典型的な「すでに起こった未来」です。途中パンデミッ
クや大災害など特殊なことでも起きない限り，20年後くらいまでなら
ほぼ予測でき，そこから高齢者問題，労働力問題，子ども子育て問題な
ども想定が可能になります。このように何が「すでに起こった未来」な
のかを考えればある程度未来を想定することができます。ビジョンづく
りのヒントになると思われる「すでに起こった未来」をいくつか挙げて
みました。参考にしてください。

【ビジョンづくりのヒントになる「すでに起こった未来」】
●少子高齢化はますます進みます。これら人口構造変化により社会・経済も変化すると考えられます。 ●今回の「コロナ禍」はその後の「働き方」や「ライフスタイル」に多大な影響を及ぼすと考えられます。 ●上記の変化は「働き方改革」を後押しし，企業や働き手の勤務時間やオフィスに対する「認識変化」が起こる可能性があります。 ●世界的な「SDGs」の潮流は，人々の，人権・環境・エネルギー等に対する考え方を徐々に変えていくと考えられます。

> ●上記に加え，「第4次産業革命」や「人生100年時代」により社会や経済に
> 対する認識が大きく変わる可能性があります。（第4次産業革命，人生100
> 年時代については第1章参照）

　もし，コアチームだけの対話では近視眼的になってしまうようなら，
視野を広げる方法としてPEST分析をしたらよいでしょう。PEST分析
のやり方は第3章に詳しく書きましたので，そちらを参考にしてくださ
い。

ビジョン案を精査する

　上記のやり方でビジョンができ上がったら，「認知バイアスに陥って
いないか?」「目標となっているか?」「ビッグピクチャーになっている
か?」，これら3つの視点で精査します。

①認知バイアスに陥っていないか?
　まず作成したビジョンが認知バイアスに陥っていないか精査します。
作ったときは良いビジョンだと思っても一晩寝てから再度見てみたら，
インパクトが消えていたり，赤面する内容だったりすることはよくある
話です。勢いで作ったビジョンは認知バイアスが相当入り込んでいると
思ってください。

ビジョン作成の際に気を付けるべき認知バイアス

双曲割引バイアス	人は将来の大きな価値より直近の小さな価値を優先させがちです。ビジョンを描く際，もし目先の不安や損得勘定にとらわれていたなら，このバイアスを思い出し将来の価値に頭を切り替えてください。目先にとらわれたビジョンはビジョンとは言えません。

ネガティブバイアス	人間は，良いことより悪いことに注目する傾向があります。たとえば20年前と比較してかなり改善しているものでも現在の状況だけピックアップして悲惨な状況と評価しがちです。もし自分の予測がこのようにネガティブに偏っていたら，客観的データなどを活用して冷静かつポジティブな予測に変えてください。ビジョンはネガティブだと効力を発揮しません。

②目標となっているか？

ビジョンも目標のひとつです。したがって目標としての条件をしっかり踏まえます。

【目標設定理論による目標設定4条件】
●明確な目標を持つ
●困難な目標を持つ
●目標に対する高い受容度（社員の納得感）
●フィードバック可能性がある

たまに「明確な目標」を勘違いしてか「明確なビジョンには数値目標や期限があるものだ」と言う人がいます。しかし，本来ビジョンは数字ではなく映像です。映像だからこそ「波及効果」と「指針効果」があることは先ほど書いたとおりです。

もちろんビジョンを数字で示しても構いません。ただし，ビジョンに数字を入れるばあい，特にオーナー経営者は「社員の納得感」を配慮する必要があります。たとえば「10年後に上場」とか，「売上高50億円，最終利益5億円，自己資本比率50％」のようなビジョンを作ったとして，その利益をどう社員に還元するのかの視点が欠けていたならどうでしょう。「オーナーだけが儲かるよう自分たちは使われているのか」と疑心暗鬼になるかもしれません。もちろん，オーナー社長と社員との間

に盤石の信頼があれば話は別ですが，そこまでの関係に至っていないなら，数字を入れたビジョンは控えた方が良いと思います。

　もし，数字に入れたビジョンをつくるなら「投資ビジョン」「人材育成ビジョン」「組織ビジョン」も併せてつくる必要があります。利益の社員への還元も含めて数値にこだわり抜いたビジョンであれば，上記のような懸念は無くなり逆に具体的なビジョンとして機能が高まると考えます。

③「ビッグピクチャー」になっているか？

　米国ケース・ウエスタン・リザーブ大学のディビッド・クーパーライダーはビジョンについて，次のように言っています。「現状を否定していて自分たちに自信がない組織の人たちに未来を描けと言っても大きな未来は描けない。現状の問題がなくなればそれでいいというような小さな未来を描いて満足してしまう。これでは組織の未来はつくれない」。

　このクーパーライダーの言葉は，まさにビジョンづくりにおいて陥りがちな過ちを指摘しています。次のようなビジョンを掲げてしまう中小企業を私は多く見ています。

【中小企業が掲げてしまいがちなビジョン】
●現在の問題を裏返しにしただけの言葉 例：(現在の問題) 社員の元気がない→ (裏返し) 元気な会社にする ●フワッとした美辞麗句やお花畑的なイメージ 例：「社会に貢献できる会社になる」「関わる人すべてが幸せになり，みんなが 　　ニコニコと‥‥」

　なぜこのようなビジョンになってしまうのかと言えば，クーパーライダーの指摘のとおりビジョンを作った本人に「自信がない」からです。自信のことを自己効力感と言うこともありますが，その自己効力感が乏

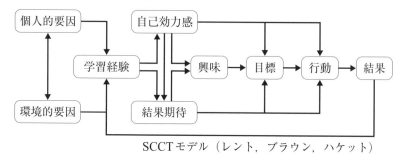

社会認知的キャリア理論のモデル

SCCTモデル（レント，ブラウン，ハケット）

しいと人は「ビッグピクチャー」を描くことはできません。そのことを，「社会認知的キャリア理論」という理論を用いて説明したいと思います。

　社会認知的キャリア理論はキャリアに関する理論ですが，目標と自己効力感の関係を説明する理論という意味でビジョンづくりにも応用できると考えます。

　この理論を簡単に説明すれば，目標は，自己効力感から生まれ，その自己効力感は，目標⇒行動⇒結果という学習経験から生じます。ここで注意すべきは，これらの要素がみな「鶏と卵の関係」になっている点です。つまり，「自己効力感が先か，行動が先か」が循環構造になっています。

　この「自己効力感が先か，行動が先か」の問題に対して，組織開発プロジェクトでは，「社員とともにビジョンを作る」という形で解決をします。まず，コアチームがビジョン案という形で目標を作り，それを中間ワークショップで社員たちが評価することで「鶏と卵の関係」を回します。その後，社員たちと経営デザインシートづくりを通じて，目標⇒行動⇒結果⇒学習経験⇒自己効力感の循環を何回転も回します。

　この循環は時間のかかる話ですが，社員の自己効力感なしに満足でき
るビジョンは作れません。たとえ時間がかかろうとも，社員の成長とと
もにビジョンを進化させていく努力は必要です。

第2節
中間ワークショップの開催

1. 中間ワークショップのやり方

中間ワークショップの概要

前節では中間ワークショップに向けたミーティングのやり方を説明しましたが，ここからは中間ワークショップそのもののやり方について説明します。

中間ワークショップは，社員を「できるだけ多くの社員を組織変革に巻き込む」，「できるだけ多くの社員に経営デザインに参画してもらう」のために行います。もともとワークショップの意味は「参加体験学習」なのですが，メンバーが組織変革や経営デザインのプロセスに関わることで，全員参画型の経営を学びます。

なお，中間ワークショップは1回とは限りません。やればやるほどア

イデアは増えますし，何よりチームビルディングが進みます。とくに経営デザインシートづくりは1回のワークショップでは，ミッション案・ビジョン案のフィードバックをもらうのと，移行戦略のためのアイデア出しくらいしかできません。とことん社員とともに経営デザインするのであれば，ワークショップは半年にわたり毎月行っても良いと思います。ただし，それができる会社は限られているでしょうから，本書では1回のワークショップを前提にしています。

①中間ワークショップの会場について

　中間ワークショップの会場は，キックオフ式同様，社内の会議室などを使うばあいが一般的です。しかし，できるなら貸し会議室などを借りるなど，いつもの職場とは異なる非日常の環境で行うことをお勧めします。

　われわれは普段の仕事と私生活とではオンオフの切り替えをしています。仕事場ではネクタイをして，時間をきっちりと守り，普段では絶対に使わないような敬語を使うなど，仕事モードになっています。このモードにあるとき，無自覚に言葉も，顔つきも，発想も仕事モードになっています。

　ところが一歩職場の外に出るとモードに変化が起こり，会社の中にいるときと明らかに雰囲気が変わります。「この人，こんな意外な一面があったのか」という顔をのぞかせる人は少なくありません。最近，社員旅行はおろか忘年会すらやらない会社が増えているので，もしかしたら社員の仕事モード以外の顔を知らない人が多いかもしれませんが，ワークショップは社員同士お互いを知り合うきっかけになります。1回ワークショップを開催するだけでも，社内の風通しはかなり良くなります。

　もちろん，場所が変わっても，そう簡単に仕事モードを緩めない人も

いることでしょう。しかし，そういう人であっても，社内の会議室でワークショップをするより，別会場でワークショップを行う方が，多少なりとも警戒心を緩めるものです。何割かの人がオフモードになれば場の雰囲気は変わるので，頑なな仕事モードの人も，その雰囲気に引っ張られて，次第にみなオフモードになっていきます。

　これにより，「新しいアイデアの創出」や「チームビルディング」が期待できます。

②開催時期，参加メンバー，社員への告知

　中間ワークショップは，キックオフ式後，方針発表会の前であればいつでも構いません。また，何回開催しても構いません。

　開催規模ですが，内容がワークショップですから，あまり大人数になるとファシリテーターのキャパを超えてしまう恐れがありますので，30人が上限だと考えてください。それ以上のメンバーを参加させたいばあいは，複数回開催します。逆に，会社規模の事情などによりコアチームメンバーしか集まりそうもないばあいは，コアチームメンバーだけで行っても構いません。

　参加メンバーの人選は，部門や事業ごとに数名程度の個別チームを組むことを前提に人選を行います。コアチームメンバーそれぞれが，個別チームのリーダーになり自分のチームを組成するつもりで行います。

　なお，会社規模によっては，人選できないばあいもあるでしょう。それはそれで構いません。目的は社員を巻き込んだ経営デザインですから「誰が参加するか」よりも「みんなが参加する」方が重要です。

　最後に社員への開催告知の時期ですが，通常は開催2週間前から1カ月前にします。もちろん，会社によっては2〜3日前に告知しても大丈夫なばあいがありますから，その辺は会社規模や仕事内容によって柔軟

に考えていただければと思います。

③司会者およびファシリテーターの選任

　司会者やファシリテーターについてはキックオフ式と同様，予め決めておきます。人選は，メンバーの得手不得手を考慮の上，コアチームで決めます。特にファシリテーターの役割は重要ですので，その重要性をしっかり認識して選任してください。

　中間ワークショップにおける，ファシリテーターは原則コアチームリーダーが行いますが，資質やスキルの面でもっと適任者がいるのであれば，その者にやってもらっても構いません。その際，社長に対しても，気後れせずに話の深堀ができる人が良いと思います。

　もし適任者がまったくいないばあいは，外部にファシリテーターを依頼することもあり得ます。ただし，組織変革プロジェクトの目的は自律型組織への転換ですから，できるだけ自前でできるようになりましょう。このことから基本は，コアチームリーダーがファシリテーターを行うものと思ってください。

④会場レイアウト

　会場は，キックオフ式同様に「島形式」でセッティングします。中間ワークショップでは，部門や事業ごとにいくつかのチームをつくり，そのチームごとに分かれて座ります。

　次ページの図は会場レイアウトの一例です。この例では，各テーブルに6名ずつ座り，司会はコアチームリーダー，各島（個別チーム）にコアチームメンバーがひとりずつ入っています。各島に入ったコアチームメンバーはその個別チームのリーダーとなり，個別チームをリードします。

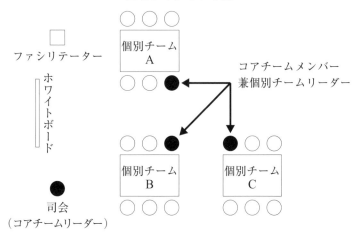

会場レイアウトの例

ファシリテーター

ホワイトボード

個別チーム
A

コアチームメンバー
兼個別チームリーダー

個別チーム
B

個別チーム
C

司会
（コアチームリーダー）

中間ワークショップの流れ

　次に中間ワークショップの流れ（タイムスケジュール）についてですが，一般的なやり方として①〜⑤のような感じになります。ただし，これはあくまでも一例なので，実際のタイムスケジュールはコアチーム内の話し合いで決めてください。

①個別チームの組成

　中間ワークショップでは，まず部門や事業ごとにチームを組むところから始まります。それは中間ワークショップの中だけの話ではなく，その後，方針発表会までこのチームで活動してもらうことになります。

　個別チームの役割は，その部門や事業ごとの経営デザインシートの作成です。方針発表会までの何カ月間で，各個別チームごとの経営デザインシートを完成させますが，中間ワークショップでは，そのための「移行戦略」を作成することになります。

②ミッション案・ビジョン案の発表

　チーム編成が終わり，コアチームリーダーによる「開催趣旨」と「タイムスケジュール」の説明が終わったら，コアチームの作成したミッション案・ビジョン案を記載したシートを参加メンバー全員に配布し説明をします。

　通常，社員たちは，会社の現状については，日々の業務を通して何となく分かっていますが会社の「これから」については，あまり考えたことはないでしょう。経営理念（ミッション，ビジョン）についても，HPや会社パンフとかで見たことはあるかもしれませんが，それが会社の進む方向とどう関係があるのか意識していません。ですから，今回のミッション案・ビジョン案の発表が，参加メンバーにとって，会社の方向性をはじめて知る機会になるかもしれません。

③（ワーク1）ミッション案・ビジョン案のフィードバックワーク

　コアチームによるミッション案・ビジョン案の発表が終わったら，島ごとにミッション案・ビジョン案に対する話し合いを行います。話し合う内容は，発表されたミッション案・ビジョン案について，メンバーが話したい内容を率直に話し合えれば，どんな内容を話し合っても構いません。そしてできるだけじっくりと，時間的には最低でも30分は話し合ってください。

　その際，注意点は2点。まず，「リーダーとメンバーが対立関係にならないこと」，もうひとつは「メンバーの発言を均等にすること」です。

　とかくこのような話し合いは，メンバーはリーダーを質問攻めにしたがります。「ミッションって何ですか？」「ビジョンを持って何か得なことがあるんですか？」「どうしてこんなビジョンになったんですか？」などです。その際，リーダーは真正面から答える必要はありません。この

質問を契機にテーブル内の話し合いを盛り上げてください。

　たとえば，上記のような質問があったら，リーダーは「Ａさんからこういう質問がありましたけれど，これについてＢさんはどう思いますか？」と他のメンバーに振ってください。それでもＡさんが「いや，リーダーがどう考えているのか知りたい」と言ってくるようなら，「何か気になるんですね。質問内容についてもう少し詳しく教えてください」と聞き返したらよいでしょう。そして，Ａさんの聞きたいことがはっきりしたら，それについて再び「Ａさんからこのような質問がありましたが，私の意見を言う前にみなさんの意見を聞きたいと思います」と他のメンバーに振ります。こうやってリーダーは，矢面に立つことを極力避けながら，メンバーの発言量を均一にしていきます。

④　(ワーク２) ビジョン案を実現するためのアイデア(移行戦略)ワーク

　ワーク１の次は，個別チームごとに「ビジョン案を実現するためのアイデア（移行戦略）ワーク」を行います。ここで出されたアイデアは，後日，経営デザインシートの「移行戦略」に反映されます。

　やり方は以下のとおりです。

【ワーク２「ビジョン案を実現するためのアイデア(移行戦略)ワーク」のやり方】	
用意するもの	●ミッション案・ビジョン案を記載したシート ●ホワイトボードまたは大きな紙（模造紙等） ●付箋，マーカーまたはサインペン
やり方	1.メンバーは個別チーム（3人～6人）で行います。 2.個別チームリーダーがファシリテーターをやります。 3.ホワイトボードを用意したばあいは，全員ホワイトボードの前に立ちます。大きな紙を用意したばあいはテーブルの上に紙を置き，メンバーは囲むように座ります。

やり方	4. ファシリテーターは,「ビジョン案を実現するためのアイデアは何か?」の問いをメンバーに示し,ワークを開始します。 5. 個人作業で自社の「強み」だと思うものを付箋に書きます。付箋1枚につき1アイデアで,できるだけたくさん書いてもらうようにします。(3分程度) 6. 書き終わったら,ひとりひとり付箋を貼りながら発表します。その際,書いた言葉について説明します。 7. 発表を聞いている者も,発表者の内容に触発され新しいアイデアが出たら付箋の書き込みを追加していきます。 8. 全員発表し終わったら,似たようなアイデアの付箋は同じ場所に重ね貼します。 9. どのアイデアとどのアイデアが似ているかを話し合っている最中も,その話し合いで触発され新しいアイデアが出たら付箋の書き込みを追加します。 10. アイデア出しが終わったら,全体を見渡してチームにおける「ビジョン案を実現するためのアイデア」をいくつかにまとめます。

　実際に,このワークをやってみると分かりますが,一般の社員もすでに「移行戦略」に応用できそうなアイデアを持っています。「新しい経営手法」や「サービスの工夫」,または「生産性アップにつながる技術」など,本やテレビなどから意外なくらいに情報を仕入れています。

　ワーク2をファシリテートする際,注意点があります。ファシリテーターは,少数派と思われる世代や職種のメンバーからのアイデアを,何とか引き出すように努力してください。アイデアワークは,とかく「常識の範囲内」で展開してしまいます。しかし,これではユニークなアイデアは生まれません。できるだけ,視点の異なるアイデアを引き出し,場を「どんな視点からアイデアを出しても構わない」という空気に変える必要があります。

⑤シェア

　ワーク2が終わったら，島ごとに感想を話し合います。これは一人2〜3分程度で十分です。これを行うことで，メンバーの「みんなこう思っているに違いない」が，必ずしもそうでないことに気づかせます。

　そのうえで，それぞれのテーブルの代表者から，全員に向けて感想を発表してもらいます。ひとは自分が参加した話し合いをあまりネガティブには言いません。盛り上がった箇所がひとつでもあったら，ポジティブに発表しようとするものです。同様に他の島のメンバーも良い場であったことを語るでしょうから中間ワークショップはポジティブな場であったという感想で占められることになります。このような感想で終えることができれば，それは心理学でいう「ピークエンド効果」，つまり「終わりよければすべてよし」の効果になりますので，今後のプロジェクト推進がやりやすくなります。

⑥「今後について」と「アンケート」

　中間ワークショップの終わりに，コアチームリーダーより方針発表会の時期など今後のスケジュールを報告します。

　そして最後にアンケートをとります。アンケートの内容は，事前にコアチームで決めていますが，参考例を示せば次のとおりです。

【キックオフ式アンケート（例）】
1.コアチームの作ったミッション案・ビジョン案に対する共感度は10点満点でどのくらいですか? 　　　　　　0　1　2　3　4　5　6　7　8　9　10
2.組織変革プロジェクトに対する共感度は10点満点でどのくらいですか? 　　　　　　0　1　2　3　4　5　6　7　8　9　10

---

3. これから方針発表会に向けて経営デザインシートづくりをしますが，あなたはどのくらい関わりたいですか?10点満点でどのくらいですか?

　　　　0　1　2　3　4　5　6　7　8　9　10

---

4. このプロジェクトによって組織が良い方向に変わる期待度は10点満点でどのくらいですか?

　　　　0　1　2　3　4　5　6　7　8　9　10

　なお，アンケートの集計は，キックオフ式のとき同様，中間ワークショップが終了後すぐに行います。そして，プロジェクトに対する共感度などに応じて，このプロジェクトを存続するかどうかも含めて，今後の判断材料にします。その基準については第4章で例示した「アンケートの結果と今後の進め方の基準」を参考にしてください。

2. ファシリテーションの基本

ファシリテーション4つの基本スキル

　自律型組織では，ワークショップに限らず，日々のミーティングにおいてもファシリテーションスタイルで行われます。したがって，自律型組織のリーダーたちは，ある程度ファシリテーションスキルを持っていた方がよいでしょう。ファシリテーションというと，何やらすごく難しいスキルのように感じる方もいるかもしれませんが，要は，メンバーの発言を促せばよいだけなので，次にあげる4つの基本スキルさえ気をつければ，とりあえずファシリテーションは形になります。なお，議題や問いの設定については，前節第1項「ミーティングのやり方」に詳しく書きましたので，ここでは省略します。

①自分の意見は極力出さない

　本来ファシリテーターの立ち位置は中立です。そのファシリテーターが意見を押し付けるようだったら，話し合いの場そのものが崩れてしまいます。そのためには，ファシリテーターは自分の意見よりも，メンバーの意見を重視する姿勢を貫かなければなりません。とくにミッションやビジョンに関わることは，自分自身の信念と強く結びついていますから，「自分の意見は極力出さない」くらいの気持ちで挑んで丁度良いくらいです。

　では，ファシリテーターはいっさい自分の意見を出してはいけないのか，といったらそんなことはありません。ファシリテーターが大切だと感じているものがあれば，メンバーの話の中からそれを拾い上げる形で，自分の意見を織り交ぜていけば良いのです。たとえば，ファシリテーターが従業員満足を重視しているばあい，「○○さん，先ほど従業員満足が大切だと言っていましたが，そう思うようになった体験とかあれば教えてください?」といったように質問することで，自身の問題意識を反映させることができます。

②メンバーの発言量をほぼ同じに保つ

　ファシリテーターの役目のひとつは，メンバーひとりひとりの発言量を均等にすることです。先ほども書きましたが，均等化は「○○さんはどう感じましたか?」と投げかけることで図れます。

　ただし，従来型組織の慣習にどっぷり漬かった組織だと，「とくにありません」「社長の指摘のとおりだと思います」のような発言しかでないことがあります。そういったばあい，ファシリテーターは気にせず質問を投げかけ続けてください。そうしたら必ず，誰かがどこかのタイミングで本音を語りだすでしょう。そこから少しずつ本音を出しやすいム

ードに変わっていきます。

　社長が同席したミーティングのばあい，社長の発言まで均一化された
ことに対して憤慨する社長もいるかもしれません。しかし，これもファ
シリテーションの手法であることを伝えれば，理解してくれるはずで
す。社長も日ごろから社員の話を聞きたいと思っているので，意図を理
解すれば協力するようになります。

③1対1で話し合わない

　ファシリテーターになると，ついつい「まとめなければならない」
「結論を出さなければならない」という気持ちが強くなり，気づくとメ
ンバーと1対1のやり取りになっていることがあります。たとえば，自
分の考えと異なる意見がでたとき，「なぜこの人はこんなことを言うの
か？」が気になり，そのメンバーを説得しようとします。そのときの口
調や表情がけわしいと，口論になることがあります。

　メンバー同士の口論なら，ある意味，活性化のあかしですが，ファシ
リテーターとメンバーの口論は，トップダウンの押し付けと変わりあり
ませんので，意識して控えるべきです。

④できるだけホワイトボードを使う

　ファシリテーションの際，ホワイトボードを使うことをお勧めしま
す。ホワイトボードを使うメリットは次のとおりです。

【ホワイトボードを使うメリット】
1.ホワイトボードを見ながら話し合うので意見を言いやすい
2.意見の時系列が分かり，ちょっと前の意見と今の意見を照らし合わせることができる
3.何が今論点になっているのか明確化され議論が脱線しづらい

4. 結論が出たらそれが結論であるとホワイトボード上で明記できる
5. 写真を撮れば議事録代わりになる

ファシリテーションにおける４つの留意点

①結論は出なくてもよい

　議論の深まらないミーティングは，間違ったことを言うと，怒られるとか，馬鹿にされるようなムードがあります。参加メンバーは，結論が出るのは早ければ早いほど良いと思っているため，競って「これぞ答え」みたいなことを発言します。しかし，その「これぞ答え」は，過去の知識を披露しているだけなので，本質的な解決策には，まずつながりません。

　上記のようなミーティングにならないためには，リーダーも，メンバーも，じっくり，ゆっくり，を心がけたら良いでしょう。お互いに理解を深め，行動や意識を変化させるためにミーティングをしているのだと発想を変える，ということです。たとえば，メンバーの誰かが早口で要点だけを語ったら「すみません，要点だけだと誤解があるといけないので，もう少々詳しく話してもらえますか」のように返します。たったこれだけの習慣を持つことで組織の雰囲気は変わります。われわれは，とかく効率的に結論が伝わることが良い話し合いであると思い込んでいますが，効率的に伝えられるのはマニュアルなど形式知だけです。暗黙知を共有するためには，「質問」と「内省」が必要です。それをしないと必ず離齟が生まれると思ってください。

②「推論のはしご」をのぼらせない

　ミーティングの際，気を付けた方がよいことの一つに「推論のはしご」があります。「推論のはしご」とは，ある事実を見たり聞いたりし

たときに推論が推論を呼び，間違った結論に達してしまうことを言います。その飛躍過程がまるではしごを一段一段のぼっていくようなので「推論のはしご」と呼ばれています。

　たとえば，「ミーティング中，私が話をしているときＡさんがあくびをした」とします。それを見たあなたは，「あくび」→「私の話が退屈に感じている」→「私が嫌いに違いない」→「怒鳴らねばならない」，のように推論が飛躍したら「推論のはしご」をのぼったことになります。ここで気づかなければならないことは，「あくび」という事実はあったにせよ，「私の話が退屈に感じている」や「私が嫌いに違いない」は，推測に過ぎないということです。そしてその「推論」がさらなる「推論」を生み出し，最終的に「怒鳴る」という問題行動につながってしまう点です。

　ミーティングの場に限らず組織というものは，常に，誰かしら，この「推論のはしご」をのぼっているものです。「書類の渡し方が乱暴だった」「廊下ですれ違ったとき目を合わせなかった」「あのとき舌打ちをした」などちょっとした誤解は日常茶飯事だと思います。組織がこれらを問題にすることはまずありません。

　しかし，個人はずっと根に持っていることがあります。これらは放っておくと疑心暗鬼となって，後々，大きな問題になります。疑心暗鬼とは，「疑心，暗鬼を生ず」の略であり，疑心が起こると，何でもない事まで恐ろしくなるという意味です。たとえば，「書類の渡し方が乱暴だった」という思い込みからどんどん「推論のはしご」をのぼり出し，その者たちが犬猿の仲になってしまったら，組織にとっても損害です。

　ではどうやったら「推論のはしご」を防げるのでしょうか。まず，自ら「推論のはしご」をのぼってしまったことに気づき，はしごをひとつひとつ降りるやり方があります。「なぜ私の話が退屈に感じてしまった

のか?」「なぜ私のことを嫌いに違いないと思ってしまったのか?」自分で自分に問う形で「推論のはしご」を降りていきます。

　しかし，これでは本人次第になってしまい，効果は限定的になってしまいます。そんなときは，お互いに「推論のはしご」を指摘し合えるチームになることが大切です。いきなり会社全体がそうなるのは難しいでしょうが，まずはコアチームだけでも，お互いを指摘し合える関係になる必要があります。これが自律型組織への転換を促進することにもなるはずです。

③メンバーの能力に関心を持つ

　良好なチーム活動の必要条件として，メンバーの「能力」に「関心」を持つことが挙げられます。われわれは，往々にしてメンバーの能力を結果でしか見ませんが，それだと本当の能力を見逃してしまいます。

　しかし，これでは組織のパフォーマンスは十分に発揮できません。

　メンバーの能力に対して関心のある組織ほど，業績が良いという研究成果があります。組織メンバーの能力に対する関心のある状態のことをトランザクティブ・メモリー（対人交流的記憶）と言います。この概念は，社会心理学者ダニエル・ウェグナーが提唱し，その後，何人かの学者が研究を重ねています。それによると「誰が何を知っているのか」という共通認識がある会社，つまり，メンバーひとりひとりの能力に関心がある組織ほど業績が良いのだそうです。

　たとえば，「たまにしか発生しない社内書類のつくり方」とか，「長年取引関係にある顧客との取引に至った経緯」などについて詳しいメンバーがいるとします。彼がこれら知識の持ち主であることをメンバー全員が共有している組織です。

　なぜトランザクティブ・メモリーのある会社の業績が良いのでしょう

か。これについて，次のとおり説明できます。たとえば，100人いる組織で100人全員が同じ情報を持つのは効率的ではありません。誰か一人が詳しくて，周りのメンバーは，知識の持ち主が誰かさえ分かっていれば，効率的に組織内の知識を蓄えることができます。その方が，組織全体で，より広く深い知識を蓄えることができますし，社員ひとりひとりの個性が発揮できます。

④口論を収める方法

　ファシリテーションの場では，ときどきメンバー同士が口論になることがあります。そんなとき，ファシリテーターは「論点は何ですか?」と問いかける形で，口論を整理します。

　多くの口論は，私の経験上，「目的論と原因論の対立」か「鶏と卵の対立」のどちらか二つです。

　まず，「目的論と原因論の対立」ですが，これは「目的から今を見ようとする人」と「原因から今を見ようとする人」の対立です。たとえば，会社の方針をつくるとき，目的論者は「こうしたい」「こうありたい」を中心に語ります。これに対して，原因論者は「過去の事例では……」「他社では……」を中心に語ります。もちろん，どちらも大切な観点です。しかし，もし語っている二人の人間関係が競争的であったり，どちらかがコンプレックスを持っていたり，または不信感を抱いていると口論になります。

　次に「鶏と卵の対立」ですが，これは本来お互いに影響し合っている循環構造なのに，お互いに「鶏が先だ」「いや卵が先だ」と言い争うことです。たとえば，よくある話として，「金が先か，人が先か」があります。冷静になればどちらも重要なことは誰でも分かる話ですが，そこに無理やり優先順位を付けようとすると言い争いになります。なぜ優先

順位を付けなければならないのかと言えば循環構造が見えていないことに加え，何らかの信念があるものと考えられます。たとえば，「カネカネ言う人は金で人を支配しようとしている」とか，「人を大切にとかいう人は理想主義者で甘ちゃんだ」といったように偏った信念があると，反論は攻撃的になり，口論となります。

　このような口論が起こったら，ファシリテーターは口論している二人の間に入って「口論になっていますが，論点は何ですか?」と質問します。おそらく口論で熱くなっている二人は，その質問に答えられないので，ファシリテーターが論点を代弁します。たとえば，「どうやら，会社経営において優先すべきは，金なのか?人なのか?が論点のようですがいかがですか?」と投げかけます。そして「では，他の人の意見も聞いてみましょう」と言って，口論している二人以外の意見を聞きます。熱くなっている二人は相手を説得することで頭がいっぱいですが，他のメンバーは冷静な意見を出すことができます。第三者の冷静な意見が加わることにより，二人の口論は収束することでしょう。もし，他のメンバーからもどちらかに加担したような意見が出てしまったら，ホワイトボードを使い，議論を「見える化」することが効果的です。自分自身が視野狭窄に陥っていたことが，その「見える化」によりだんだん顕わになり，それとともに場は冷静さを取り戻します。

第 6 章

方針発表会と自律型組織の維持

第1節
方針発表会のやり方

1. 方針発表会の目的

【目的1】自律型組織としてのスタート

　方針発表会を行う目的の1つ目は「自律型組織としてのスタート」を切ることです。

　当然のことですが，方針を発表するだけでは自律型組織にはなりません。方針発表会で示された方針に沿って，社員ひとりひとりの行動が変わったとき，自律型組織に変革されたと言えます。

　もちろん，コアチームにとって，方針発表会はひとつのゴールです。また，方針発表会にこぎつけた時点で，コアチームの周辺はかなり自律化していることでしょう。しかしそれは会社全体での変革ではありません。本格的な変革はここからはじまります。

　多くの社員は「毎日一生懸命働いて給料をもらう」以上の考えは持っていません。たとえ，キックオフ式，中間ワークショップに参加し，会社が変わろうとしていることを知っていても，放っておいたら，これまでどおりのやり方を続けます。したがって，方針発表会は，社員が「組織変革のスタートが切られた」と意識するようなものであることが求められます。

　方針発表会は，社員に対して「明日からやること」を示すことです。会社の方針を知ることで，自分の行動も考えるようになります。

　たとえば，ある飲食業者が経営方針として「お客様ひとりひとりの顔と好みを覚えおもてなしのサービスを実現します」と発表したとします。この会社方針はある程度社員の意見を反映して作成されているの

で，この方針に何割かの社員は共感しているはずです。共感している社員は，きっと「よし，明日からお客様の顔や好みを覚えるぞ」と意欲を持つでしょうし，そうでない社員もよっぽど受け入れがたい方針でない限り受け入れるはずです。つまり，意欲の平均値は確実に上がります。

意欲的な社員たちは，自律型組織への転換という会社方針を聞きながら，自分自身の未来を想像するはずです。3年後，5年後，10年後……，はたして自分はそのときどんな仕事をしているのか，どういう役割を果したら満足するのか，自分のキャリア形成に自覚的になる者も少なくないと思います。

このような形で，社員たちが組織変革に意欲を見せれば，方針発表会は自律型組織への変革スタートとなります。また，そうなるように方針発表会はプログラムされなければなりません。

【目的2】社長の組織変革に対する本気度を示す

方針発表会を行う目的の2つ目は「社長の組織変革に対する本気度を示す」ことです。

社長の組織変革に対する決意表明は，すでにオリエンテーションのときに「変革コミットメントシート」を用いて行っていますが，方針発表会では社員以外のステークホルダーも参加しますので同じ決意表明でも重みは違います。

決意表明で大切なことは「社長が本気であることを示すこと」です。

よくある話ですがプロジェクトチームの成果を軽く見る社長がいます。そういう社長は，プロジェクトチームに権限移譲したように見せていますが，内心，権限はまったく委譲しておりません。最終的な決定権は自分にあると思っているため，プロジェクトチームがどんな結論だそうと実は気にしていないのです。

また，せっかくの経営方針を一番理解していないのが社長だなんてこともたまにあります。社長にとって経営理念や経営方針が自分より下位の位置づけだと，経営理念や経営方針はどうでもよくなります。自分さえいれば会社は機能すると思い込んでいるので，経営理念や経営方針はお飾りとなります。

　これらは論外に思えるかもしれませんが，多くの社員がもっとも恐れていることは「社長は本気ではないかもしれない」です。社員が一丸となってやろうとしているのに，じつは社長が抵抗勢力だったと知ったら，誰も真剣にプロジェクトに携わらないでしょう。方針発表会は，社長の気持ち，コアチームの気持ち，会社方針が一枚岩であることを示す場です。

【目的3】経営デザインシートの発表

　方針発表会の目的の3つ目は「経営デザインシートの発表」です。

　従来型の方針発表会だと，「経営方針書」とか「経営計画書」の発表がメインで，それだけを行いますが，自律型組織への転換をにらんだ方針発表会では「経営デザインシートの発表」は5つの目的のうちのひとつとなります。

　経営デザインシートの発表目的は2つあります。ひとつは「社員に経営方針を納得してもらうこと」，もう一つは「社員以外のステークホルダーに経営方針を納得してもらうこと」です。経営デザインシートと関連資料を使い，ふたつの目的を達成します。

　まず，「社員に経営方針を納得してもらうこと」ですが，これは，この方針は途中で消えたり，無くなったりしないと，社員たちに感じてもらうことです。そのために変革理由を論拠とともに語ります。論拠は自社をとりまく環境変化データなどです。社員たちがその変革理由を納得

したとき，この組織変革プロジェクトは社員にとっても自分ごとになります。方針発表会は組織変革のスタートになるためには，この納得感は必要です。

　次に「社員以外のステークホルダーに経営方針を納得してもらうこと」です。ステークホルダーの関心事は，目先の利益よりも「この会社は今後も持続するのか？」です。したがって発表する経営デザインシートは，今後の会社の持続可能性を信じてもらえる内容でなければなりません。また，発表しているときの社員たちの雰囲気もステークホルダーたちは見ています。社員たちが納得している経営デザインシートの発表であれば，社員以外のステークホルダーたちも，そこから会社の成長可能性を感じ取ると思います。

【目的4】組織としての一体感を高める

　方針発表会の目的の4つ目は「組織としての一体感を高める」ことです。

　方針発表会では，経営デザインシートの発表のあと，ワークショップを行います。ワークショップを行う目的は2つです。ひとつは「経営方針をひとりひとりの記憶に定着させるため」，もうひとつは「経営方針を社員全体で共有化するため」です。この2つの目的が達成されれば，組織としての一体感が高まるものと考えます。

　じつは経営デザインシートの発表だけでは，社員全員の頭の中に経営方針が定着することはありません。私もサラリーマン時代に方針発表会は毎年参加していましたが，その場で分かったつもりでも1週間もしたら忘れてしまいました。自分ごとではないのでその後思い出すことが無く忘却曲線どおりに忘れてしまったということです。

　こうならないためにも方針発表会では，ワークショップを入れてしっ

かりと社員の記憶に残るようにします。そしてこのプロセスが組織としての一体感を作り上げます。

【目的5】ステークホルダー・エンゲージメント

　方針発表会の目的の最後は「ステークホルダー・エンゲージメント」です。

　自律型組織はいわば生命体です。外部環境の変化を感知しながら自ら変化していきます。その外部環境に該当するものがステークホルダー（顧客，株主，金融機関，取引先，社員含む働き手等）です。ステークホルダーとの対話無しに自律型組織は完成しません。

　ステークホルダー・エンゲージメントという概念を持っている中小企業はまだ稀です。ただし，この言葉は知らなくても，株主や金融機関に対して，経営課題やその解決策については報告してきたはずです。

　しかし，変化の激しい時代において，課題→解決→報告，のような一方通行のやり方はあまり適切とは言えません。外部環境の劇的な変化に対して自社だけで解決しようとする発想自体に危うさを感じます。

　これからの時代は，ステークホルダーと対話をしながら，お互いにとって何が大きな課題なのか，どうやったらそれが解決できるのか，これらを共有しながら解決策を模索します。次ページに示した「ステークホルダー・エンゲージメントのイメージ」のような関わりが必要になります。

　なお，ステークホルダー・エンゲージメントと言ったとき，大きな会社であれば，「問い合わせ窓口」「お客様アンケート」「IRイベント」「アニュアルレポート」「地域でのイベント」「工場見学」「プレスリリース」「取材対応」などを行うものと考える人がいるかもしれません。しかし，中小企業ですと，ここまでの対応はマンパワー的にも，費用対効果の面

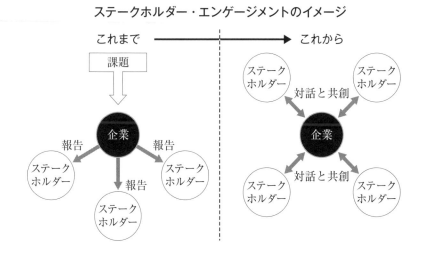

ステークホルダー・エンゲージメントのイメージ

からも難しいでしょう。

　中小企業においては，方針発表会の場を利用したステークホルダー・エンゲージメントが，最も効果的なやり方だと考えます。

2.方針発表会の準備

方針発表会までの経営デザインのとりまとめ作業

　中間ワークショップが終わったら方針発表会の準備に入ります。

　まずミッションを確定し，つぎにビジョンの作成と経営デザインシートの作成に入ります。

　中間ワークショップで，社員たちから様々な意見や経営方針実現に向けた移行戦略のアイデアを出してもらっています。方針発表会に向けて，これら意見・アイデアを経営デザインシートにまとめることがこれからの作業になります。

中間ワークショップ後，方針発表会までのスケジュール

段階	作業	コアチーム	個別チーム
方針発表会の 準備 （3〜4か月間）	ミッションの確定	○	
	ビジョン案の修正	○	
	経営デザインシート（事業用）の原案作成		○
	経営デザインシート（全社用）の原案作成	○	
	ビジョンの確定	○	
	経営デザインシート（事業用）の確定		○
	経営デザインシート（全社用）の確定	○	
方針発表会	経営デザインシートの発表	○	○
	ステークホルダーとの意見交換	○	○

　上記の作業は今まで同様にミーティングで行います。方針発表会まで
に2〜3時間程度のミーティングを3回程度行うことになるでしょう。
このミーティングはできればリアルミーティングで行ってください。
webミーティングのばあいは第5章を参考に事前準備をしっかり行って
からはじめてください。

　なお，経営デザインシートづくりに関して，第3章を参考に各個別チ
ームごとに進めます。個別チームリーダーをコアチームメンバーが兼ね
ているばあいはリーダー中心に，経営デザインシート（事業用）を作成
してください。

　もし，個別チームにコアチームメンバーがいないばあいは，コアチー
ムの誰かがフォローします。

方針発表会までに決めておくこと

　方針発表会の開催日時，開催場所，参加者は，社員やステークホルダ
ーへの案内を考慮すると，少なくとも1カ月前には決まっていた方がよ
いでしょう。開催日時，開催場所，参加者を設定する際，以下の点を注

意してください。

開催日時	方針発表会はとくにこの時期が良いというものはありません。1月, 4月, 決算後, 株主総会の時期など, 方針を発表するのに適していると思われる時期であればいつでも構わないと思います。ただし, ステークホルダーを招へいしやすい時期を配慮します。
開催場所	開催場所はホテルや貸し会議室などを利用するケースが一般的です。大きな会議室を所有している会社もしくは社員数の少ない会社であれば社内で行っても構いませんが, できればホテルや貸し会議室が良いでしょう。その方が開催する側の気持ちも引き締まりますし, 会社の本気度を社員やステークホルダーに伝えることもできます。また非日常的な空間のほうが業務から離れて話に集中できるというメリットもあります。
レイアウトと参加者の席	レイアウトはキックオフ式, 中間ワークショップと同様「島形式」です。 　参加者がどの島に座るかについては参加者構成により柔軟に考えてください。例を挙げれば, ステークホルダーの島と社員の島に分かれ, 経営幹部についてはステークホルダーの席に接客を兼ねて座るなどが考えられます。 　これらも含めてコアチーム内で話し合って決めてください。
参加者	参加者はパート・アルバイトも含め社員全員参加が理想的ですが, 会社によっては全員参加できないばあいもあるでしょう。その際, 参加者の範囲についてはコアチームで決めてください。ただし, 基準を設けずに参加者の範囲を絞ってしまうと, 参加できなかった社員が疑心暗鬼になることがありますので注意が必要です。また, 同一労働同一賃金の原則も考慮します。 　また, 当プロジェクトでは社長以外の経営幹部はキックオフ式や中間ワークショップに参加する以外, あまり出番がありませんでした。しかし, 方針発表会ではステークホルダーと交流する重要な役割になります。 　なお, パート・アルバイトも参加者候補であることに違和感を持つ人もいるかもしれません。しかし, パート・アルバイトも参加してもらうとつぎのメリットがあります。 　組織の一体感が醸成され生産性向上や定着率向上につながります。 　パートやアルバイトを通して良好な口コミが広がり新たな顧客の獲得につながる可能性があります。

参加者	学生アルバイトが会社方針を知ることで就職先に選ぶ可能性があります。 社風に染まっていない自由な意見を聞くことができます。
ステークホルダー	方針発表会には、自社の経営方針を共有してほしいステークホルダーに参加してもらいます。ステークホルダーは、株主、得意先、仕入先、金融機関、支援機関、リース会社、保険代理店、社外取締役や相談役、顧問の弁護士・税理士・社労士、仲間の経営者などです。招へいする基準は、自社との間にパートナーシップがあるかどうか、もしくはパートナーシップを築けるかどうかです。ステークホルダーを呼ぶメリットはつぎのとおりです。 ●ステークホルダー・エンゲージメントにつながります。 ●口コミや紹介のきっかけになります。
司会者・ ファシリテーター	方針発表会の司会はコアチームメンバーのひとりが行います。これまでのキックオフ式や中間ワークショップでは司会はさほど重要ではありませんでしたが、ステークホルダーも参加する方針発表会では司会者の役割は非常に重要です。よっぽど口下手で自信がないばあいを除いて、できるだけコアチームリーダーが行ってください。 　逆に方針発表会ではファシリテーターの役割はさほど重要ではありません。そのまま司会者が行っても、コアチームメンバーの誰かが行っても構いません。

3.方針発表会の開催

方針発表会の流れ

　方針発表会をどういう流れで行うのか一例を示せば次のとおりです。あくまでも一例ですので、このとおりに行う必要はありませんが、もっともオーソドックスなやり方だと思いますので、これを参考に各社の事情を踏まえてアレンジしてもらえればと思います。

【社長あいさつ（つかみ）】

方針発表会は社長あいさつから始まります。

　このあいさつは方針発表会の「つかみ」であることに留意してください。キックオフ式で使った「創業から今までの歴史」「社内環境を客観的に示した表」「外部環境変化のグラフ」などを示してステークホルダーの興味・関心をひく工夫が必要です。

　それからこのあいさつは組織変革に対する社長の決意の発表でもあります。オリエンテーションで使った「変革コミットメントシート」を見返して,「どういう理由で組織変革を考えるようなったのか」経緯を説明したあと,「どのような組織にしたいのか」などを語ります。

〈社長あいさつのポイント〉

・あいさつは「つかみ」であることを留意する。

・あいさつは組織変革に対する決意であることを留意する。

【経営デザインシートの発表】

コアチームより参加者に向けて経営デザインシートを発表します。経営デザインシートが全社用（コアチーム作成）と事業用（個別チーム作成）に分かれているばあい,全社用はコアチームメンバーが,事業用は個別チームメンバーが発表します。

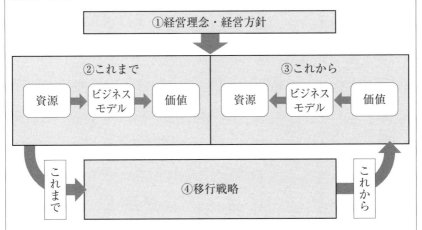

　発表は「経営理念・経営方針」→「これまで」→「これから」→「移行戦略」の順に行います。

　発表する際,はじめて聞く者にも内容が伝わるように書いてあること読み込んだうえで解説を加える形で説明してください。

書いてあることを省略して，結論だけ述べようとする人もいますが，これでははじめて聞く人には伝わりません。参加者の顔をときどき確認しながら，伝わっているのかいないのか，気にしながら発表してください。

【ワーク1：発表内容に対する疑問点や感想についての対話（30分～60分）】

経営デザインシートの発表をうけてテーブルごとに「疑問点」や「感想」を話し合います。

　話し合いが終わりましたら，テーブルごとの代表者がそれぞれどんな「疑問点」や「感想」が出たかを発表します。社長やコアチームリーダーはこれらについて答えます。

【ワーク2：発表内容に対する改善点や期待についての対話（30分～60分）】

ワーク1と同じようにテーブルごとに経営デザインシートの「改善点」や「期待」を話し合います。

　話し合いが終わりましたら，テーブルごとの代表者がそれぞれどんな「改善点」や「期待」が出たかを発表します。社長やコアチームリーダーはこれらについて答えます。

【コアチームリーダーより今後についての説明】

ワーク1・ワーク2が終わりましたら，コアチームリーダーより今後についての説明をします。経営デザインシートに記載した「これから」を実現するための「移行戦略」に加えて，ワーク1・ワーク2で提案された内容を織り込んだ「今後」を語ります。

　コアチームというミドルの集団が今後の自律型組織の中心を担うことを内外に宣言する意味合いです。

　コアチームリーダーが後継者のばあい，事業承継を踏まえた「今後」を語ることになるでしょう。

【社長の締めの言葉】

最後に社長の締めの言葉で終わります。

アンケートと反省会

　当日，方針発表会が終わりましたら，キックオフ式，中間ワークショップ同様にアンケートをとります。

【方針発表会アンケート（例）】

1. 事業の目的や経営方針に対する共感度は10点満点でどのくらいですか？
　　　　　0　1　2　3　4　5　6　7　8　9　10

2. 「これから（価値・ビジネスモデル・資源）」に対する共感度は10点満点で
どのくらいですか？
　　　　　0　1　2　3　4　5　6　7　8　9　10

3. 移行戦略についての共感度は10点満点でどのくらいですか？
　　　　　0　1　2　3　4　5　6　7　8　9　10

4. この組織が自律型組織として良い方向に変わる期待度は10点満点でどのく
らいですか？
　　　　　0　1　2　3　4　5　6　7　8　9　10

　なお，アンケートの集計は，方針発表会終了後すぐに行います。そし
て，その点数で今後の進め方を決めていきます。70点以上であれば方
針のとおり続行して良いと思いますが，それ以下の点数のばあい，経営
デザインの見直しをした方が良いでしょう。

　いずれにしてもここまで来たら後戻りはできません。来年の方針発表
会に向けて全社一丸となって新しい経営デザインを見つける作業がはじ
まります。

第2節
自律型組織の維持

1. 自律型組織の慣習づくり

新人の育成方法

　自律型組織は自律型人材によって運営されるとは言っても，自律型人材に育つまで一定の時間がかかります。入社間もない社員に対して「自律的に働け」と言ってもそれは無理な話です。

　自律型組織の人材育成については，第2章で「ある自律型組織に入社して半年後の社員の話」として実例を出しましたが，あれは中途入社のばあいでした。ここでは新人の育成について説明します。新人のばあい，次のようなエルダー制度と呼ばれるやり方が自律型組織の新人育成に向いています。参考にしてください。

新人の育成方法（例）

初回	①新人着任時，ミドル社員（以後「育成担当」と呼ぶ）と1on1ミーティングします。面談時間はできるだけ1時間以上取ってください。
	②初回面談では，育成担当者は，新人に対して育成の青図を示します。1年後，3年後，5年後，どういうスキルの持ち主になっているか，どんな仕事をしているのかなど，会社の基準を話します。育成基準（評価基準，職務記述書など）がある会社はそれを提示し，説明します。
	③つぎに新人に対して将来どういう人物になりたいのかなどを語ってもらいます。そこから「興味」「能力」「価値観」などを把握し，「一定期間分の仕事内容」を指示します。期間は当新人と話し合って決めます。（毎日〜1週間程度）

	④その指示内容は観察や学習を中心にします。「誰がどんな仕事をしているのか観察する」「できるだけ多くの社員に質問する」「分からない用語や疑問があればネット検索して調べる」などです。 ⑤その時に出した「指示内容」はかならず文章化します。（できればグループウェア）当新人がいつでも見ることができるようにします。
2回目〜	⑥育成担当は，当新人が指示行動の際，居心地の悪さや疎外感を感じないように事細かく「どういう風に観察するのか」「観察ポイントはどこか」「質問はどのようにするのか」「要注意人物は誰か」などのアドバイスをします。 ⑦当新人にある程度の自信があるようだったら，当新人にどこの部署またはチームまたは業務で仕事したいか選択してもらいます。これで配属が決まります。 ⑧もし，まだ配属には早いと感じるようだったらこの1on1ミーティングを何回か繰り返します。
配属後	⑨配属後は，配属先のミドル社員が当新人の育成を担当します。ここから当新人もOKRや360度評価の対象になります。 ⑩これまでの育成担当もこれで完全にバトンタッチしたと思わず，月に1回30分程度はキャリア育成の視点で対話をした方がよいでしょう。（業務に関することには触れません）

OKR：個人の目標と成果指標の設定

「方針発表会のつぎの日から何をするのか?」。この視点を忘れてしまうと，せっかくの組織変革プロジェクトも台無しです。当然かもしれませんが，方針発表会だけやっても組織は自律化しません。自律型組織とは社員ひとりひとりの行動変容により成り立つので，社員が具体的な行動を起こさなければそのままです。「今から何をするか?」を社員ひとりひとりが考え，自律的な行動を取ることが大切です。

社員の「今から何をするか?」を促すために，方針発表会からできるだけ間を空けずミーティングを開きます。そして社員ひとりひとりの目標を設定します。そのミーティングは，できれば方針発表会の次の日が

良いでしょう。

方針発表会後のミーティング

時期	方針発表会後できるだけ早く
メンバー	コアチーム，個別チーム，または任意の集まり
Web/リアル	web，リアルどちらでも可
人数	Web：2〜4人，リアル：3〜6人
目的	1.個別チームの目標と成果指標をはっきりさせる。 2.社員ひとりひとりの目標と成果指標をはっきりさせる。

このミーティングの目的である「目標と成果指標をはっきりさせる」
について説明します。

これは経営デザインシートの「移行戦略」や「提供する価値」を踏ま
えた個人の目標設定のことで，3〜6カ月程度で達成できるくらいのも
のを設定します。また，その際，一緒に3つ程度の成果指標も設定しま
す。成果指標は，計測可能で，実現すれば目標達成に直接結びつくこと
が分かるような指標です。ポイントは次のとおりです。

【個人の目標と成果指標のポイント】

1.目標は3〜6カ月程度で達成するくらいのものを設定します。
2.成果指標は，ひとつの目標に対して3つ程度設定します。
3.成果指標は，計測可能で，実現すれば目標達成に直接結びつくものを設定します。
4.全社の成果指標がチームの目標になるように，チームの成果指標が個人の目標になるように設定します。

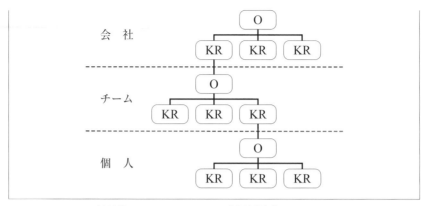

※ O：Objectives（目標），KR：Key Results（成果指標）

　経営デザインシートの「移行戦略」「提供する価値」と「目標」「成果指標」の関係およびその設定方法の一例を挙げれば以下のとおりです。

目標と成果指標の設定例

	移行戦略	提供する価値
経営デザインシート	（例）新しい食堂スタイルについて，内装を検討する。	（例）ドライブ商圏3分以内の中年家族に，家庭料理の店らしく家族連れでも落ち着ける空間を提供する。

（ミドルマネジメントの目標と成果指標例）

目標（例）	家族連れでも落ち着ける内装についての企画書を3カ月以内に作成し，取締役会に上程する。
成果指標（例）	1.飲食店舗10店の実地調査に基づく見積仕様書の作成 2.上記仕様書に基づく内装業者3社からの見積書徴取 3.ビジュアルで理解でき，費用対効果も示したプレゼンテーションを行う。

（ロワーマネジメントの目標と成果指標の例）

目標（例）	ビジュアルで理解でき，費用対効果も示したプレゼンテーション資料を3カ月以内に作成する。
成果指標（例）	1.モデルになりそうな店の写真を10店舗分集める。 2.内装デザインを絵の得意なメンバーに描いてもらう。 3.改装によってどれだけ集客効果が変わるか仮説を立て，メンバーで話し合う。

　上記の例を見て分かるとおり，ミドルマネジメントの成果指標3.がロワーマネジメントの目標になっています。このようにミドルとロワーの目標が関連するように作成します。

　もしかしたら「これはトップダウンのやり方ではないのか?」と疑問に思う方もいると思います。しかし，この目標はトップダウン的に押し付けるものではなく，対話をしながら実行する者が選択します。また，その実行者が成果指標を作るので最終的な成果物は実行者次第になります。その意味においてボトムアップの要素があります。

　従来型組織の目標管理とは，あまり良い言い方ではありませんが「上司による部下の監視」です。トップダウン的に目標設定したら，その進捗はチェックリストやグラフを使って上司が管理します。もし遅れがあったら「おい，遅れているぞ」と指摘して，改善策を立てさせます。予定よりも進んでいたら「よくやったな」とほめてから，目標数値を高めたり，完了日を早めたりします。

　これに対して自律型組織の目標管理は自分で行います。ただし，自分で管理すると言っても「抱え込み」ではなく，同じ目標もしくは隣接の目標や成果指標を持つメンバーと，定期的なミーティング（週次を推奨）をしてお互いの進捗状況を確認し合いながら自己管理します。従来型の目標管理が「縦の管理」だとしたら，自律型組織のそれは「横の管

理」とも言えます。

　このような目標管理手法をOKRとも言います。OKRは，Objectives and Key Results（目標と成果指標）の略称です。GoogleやFacebook等，シリコンバレーの企業が取り入れていることで注目されている目標管理手法です。

【OKRの特徴】

● 全社・チーム（部門）・個人の目標・成果指標がつながっており，オープンで透明性があります。

● 目標自体は四半期〜半期で設定しますが，高頻度（週次を推奨）でKRの進捗を確認し合います。

● 目標に対しての達成度は60〜70％が望ましいとされています。つまり，「ぎりぎりできるかどうか」の目標を持つことを重視します。

● 原則，評価とは連動しないと言われています。（連動しても構いません）

● OKRは定期的に評価して共有します。前年のOKRの評価とともに，新しい年と四半期のOKRも公表します。

360度評価

　OKRを実施する際，社員の評価はどのように行ったらよいのでしょうか。自律型組織においては上司が部下を評価するような従来型のやり方はしません。メンバー同士で評価し合う360度評価が適しています。360度評価とは，評価対象者をとりまく上司，同僚，部下などが，評価対象者の人事評価を行う制度のことです。

　評価は公平で客観的なものでなければなりません。しかし，人間が人間を評価する以上は好き嫌いや相性が自覚・無自覚に関わらず多少なりとも入ってしまいます。360度評価は，その問題を最小限に食い止める試みです。

　自律型組織はチームワークで仕事をします。上司らしい上司がいない

ので，メンバーの仕事ぶりはメンバーが一番分かっています。360度評価ではチームメンバーは同志として他のメンバーの仕事ぶりを評価します。ミッション・ビジョンを達成するために，お互いの目標・成果指標をリスペクトしながら，それぞれが自律的に自己管理します。この慣習によりミッション・ビジョンと働き方と評価は一体的なものになります。

　しかし360度評価は，どんな組織でも機能するわけではありません。社員が自律型人材に育っていて，組織に自律型の慣習が定着してはじめて機能します。従来型組織の慣習が残っていると，いくつかのデメリットも現れます。

　360度評価のメリット・デメリットを整理すれば以下のとおりです。

自律型組織における360度評価のメリット・デメリット

メリット	1. 360度評価は，自律型組織への転換を速めます。従来型組織では上司に人事権が集中していますが，そこにメスを入れることで，組織のフラット化や透明化を促進します。 2. 360度評価は人材を成長させます。自律型人材はチームメンバーからのフィードバックに刺激を受け，自らの成長に結びつけるキャリア自律の持ち主です。 3. 360度評価は，組織を活性化します。自律型人材同士が評価し合うことで，組織に緊張感をもたらします。
デメリット	1. 人材の自律化が進んでいないばあい，社員同士で結託し，お互いの評価を良くしようとすることがあります。 2. 組織の心理的安全性が足りないばあい，低評価を恐れて評価者も被評価者も当たらず触らずの行動を取ることがあります。 3. 360度評価システムの導入の際，金銭的なコストだけでなく心理的なコストや関連作業など波及的なコストがかかります。

　なお，デメリット1.の「結託」と2.の「当たらず触らず」ですが，これは組織よりも本人のデメリットのほうが大きいと考えます。すでに

終身雇用の時代は終わっています。へたな画策したところで自分の将来がひらけるわけではありません。

　デメリット3.について，360度評価には相応のコストが発生します。したがって導入するかしないかは，各社の事情によって決めるしかありません。ただし，この検討自体が組織の自律化を促すことも考慮に入れておいてください。

2. 自律型組織の働き方

プロティアン・キャリア時代の雇用

　つい最近まで働き手には，「一つの会社で一生働くことが良いこと」「転職はすればするほど損をする」という意識があったと思います。また，会社側もこの視点で採用や人材育成をしていたと思います。しかし，一つの組織だけでキャリアを築く終身雇用の時代はほぼ終わっています。それに伴い，自らの専門性と適応能力を高め，自分のキャリアは自分で作り上げるというプロティアン・キャリア志向の働き手が増えています。

　プロティアン・キャリアとはアメリカ心理学者ダグラス.T.ホールによって提唱された概念です。プロティアンとはギリシア神話の思いのままに姿を変えられる神プロテウスのことを指しています。このプロテウスにちなんで変幻自在なキャリア形成のことをプロティアン・キャリアと呼びます。

　伝統的なキャリア意識とプロティアン・キャリアの違いについて，ホールは次の表で説明しています。

プロティアン・キャリアと伝統的キャリアの違い

項目	プロティアン・キャリア	伝統的キャリア
主体者	個人	組織
価値観	自由，成長	昇進，権力
移動頻度	高い	低い
成功の尺度	心理的成功	地位，給料
仕事に対する姿勢	仕事満足感 専門的コミットメント	組織コミットメント
アイデンティティ	自尊心 自己への気づき	他者からの尊敬 組織における気づき
アダプタビリティ	仕事関連の柔軟性 現在のコンピテンシー （測度：市場価値）	組織関連の柔軟性 （測度：組織で生き残ること ができるか）

出所：Hall, 2002

　第1章でも書いたとおり「第4次産業革命」後のビジネス環境は，ゼネラリストが頑張れば何とかなるという時代ではありません。フリーランスの活用含め，専門性の高い人材がプロフェッショナルとして働くことで会社も競争力を発揮できます。企業においても，このような専門人材をうまく活用できなければならなくなるでしょう。

　仕事における専門性とは，特殊な教育を受けなければ身に着けられないものではなく，特定の業界で長く仕事をしていれば，誰でも身に付けることができる能力のことです。勉強で得られる形式知より，経験により培われた「観察」「状況判断」「意思決定」「行動」の的確さや迅速さが本来の意味の専門性だと考えます。

　プロティアン・キャリアの時代では，働き手ひとりひとりがこれら専門性を身に着けられるよう探索行動を取ります。裏をかえせば専門性が身に着けられる会社に専門性の高い人材が集まるようになります。

　ホールは，プロティアン・キャリアを実践し，心理的成功をおさめる

ためには「アイデンティティ」と「アダプタビリティ」が重要であると
説いています。このプロティアン・キャリアのニーズを企業は理解し，
人材育成の仕組みを持つことが，自律型人材の確保につながります。

プロティアン・キャリアを実践するための要素（心理的成功要因）

アイデンティティ	自己同一性と訳され，自身の「興味」「能力」「価値観」に対する自己理解の程度を意味します。 　肯定的アイデンティティを持つためには，自分自身の中にブレない軸を持つことが必要です。
アダプタビリティ （適応）	ホールによると，アダプタビリティ（適応）は適応能力と適応意欲に分けられます。 【適応能力】 適応能力は次の3つで構成されています。 ●外部環境から変化のサインを読み取る（反応学習） ●アイデンティティの維持や修正のための情報を探索する 　（アイデンティティの探索） ●自分の行動とアイデンティティの一致を保ち環境変化に 　タイムリーかつ的確に応える（統合力） 【適応意欲】 適応意欲は，上記の3つの適応能力を発達させたり応用させたりする意欲のことです。

　ここまで書いてきたとおり，これからの社会はますます不確実性が高
まり，生涯に何度も職や職場を変える時代になります。それに伴い，キ
ャリア意識も今までの伝統的なものからプロティアン・キャリア志向へ
の転換がますます進むものと考えます。

　企業は，この働き手のキャリア志向の変化を理解し，新しい仕組みを
構築する必要があります。ホールも，個人のキャリア形成に必要なもの
は大掛かりなキャリア開発システムではなく「挑戦的な課題」「フィー
ドバック」「発達支援的な人間関係」であると説いています。要するに
OKRや360度評価など，自律的組織運営の慣習を持つことが，プロテ

ィアン・キャリア時代の人材確保や育成にプラスに働くと考えます。

フリーランスの活用

　雇用の流動化が進み，働き手のキャリア意識がプロティアン・キャリア志向になったら，会社もそれに併せた人材確保や育成の仕組みを持つ必要があります。その際，避けては通れないものがフリーランスの活用です。

　フリーランスとは個人事業主のうち専門性を商品に原則ひとりで働く人のことで，自由業とも呼ばれています。主なフリーランスをタイプ別に整理すれば次のようになります。

タイプ	主なフリーランス
エンジニア系	各種エンジニア
研究系	Web開発者，ライター，プログラマー
芸術系	デザイナー，編集者，音楽家，イラストレーター
教育・援助系	カウンセラー，講師，トレーナー
企業系	営業フリーランス，各種コンサルタント，コーチ
事務作業系	キーパンチャー，会計系士業，事務系士業

　現在日本には1000万人以上のフリーランス（副業・兼業を含む）がいると言われています。この数は国内労働力人口の約6分の1にあたります。米国では，労働力人口の3分の1がすでにフリーランス化しており，2027年には過半数になるという予測もあります。日本においても，今後はアメリカに追随するようにフリーランス人口は増えていくことでしょう。

　とくに人生100年時代においては，定年退職したあと，セカンドキャリアとして誰もがフリーランスとして働いていく可能性があります。また，若い世代においても，生涯のうちに何度も会社や職業を変えること

を当然のことと受け止めているので，フリーランスは特別な選択肢ではなくなります。これに加え，副業を解禁する企業の増加により，すきま時間で副業をする副業系フリーランスも増えていくと考えられます。

　このように増加傾向にあるフリーランスですが，今回のコロナ禍によって急激に増加する可能性も出てきています。テレワークの広がりにより場所や時間にとらわれない働き方が定着すれば，そこから副業含めてフリーランス化の道を歩む者も少なからずいることでしょう。コワーキングスペースやシェアオフィスの増加がこの傾向を後押しするものと考えます。

　2016年に厚生労働省が発表した「「働き方の未来2035」～一人ひとりが輝くために～」では2035年の働き方について次のように書かれています。

> 2035年の企業は，極端にいえば，ミッションや目的が明確なプロジェクトの塊となり，多くの人は，プロジェクト期間内はその企業に所属するが，プロジェクトが終了するとともに，別の企業に所属するという形で，人が事業内容の変化に合わせて，柔軟に企業の内外を移動する形になっていく。その結果，企業組織の内と外との垣根は曖昧になり，企業組織が人を抱え込む「正社員」のようなスタイルは変化を迫られる。

　この姿は，すでに自律型組織という形で現れていますが，人生100年時代，第4次産業革命後の社会では，プロティアン・キャリアの実践としてフリーランスは増え続けていくことでしょう。これに伴い会社は彼らを積極的に活用する仕組みを構築することが求められます。

限定正社員制度
正社員という言葉は法律用語ではありません。法律では有期か無期か

の区分があるだけです。一般的に正社員と言われるものは無期契約で，残業があり，転勤に応じる義務があり，職務に限定がない社員のことです。限定正社員は，これら一般的な正社員にあった残業，転勤，職務等について限定がある社員のことを言います。

雇用制度の区分

		期間	
		有期	無期
時間/職務/勤務地の限定	なし	準社員	正社員
	あり	契約社員 （フリーランス活用等）	限定正社員

　限定正社員とはいわば，正社員とフリーランスの中間に位置する働き方です。変化の時代においては，従来型組織のように正社員がすべてを担うのは難しく，だからと言ってフリーランスにすべては任せるわけにもいきませんから，その中間形態である限定正社員としての働き方が脚光を浴びると思います。

　限定正社員には大きく「勤務時間限定」「勤務地限定」「職務限定」に分けられます。これらは統一された呼び方もなく，企業のニーズに応じて自由に制度設計できます。また，勤務時間限定かつ勤務地限定のように複数の限定を組み合わせても構いません。

限定正社員の種類

限定の種類		例
勤務時間限定	短時間正社員	例）子育て中により所定労働時間を6時間とした正社員など
	残業免除正社員	例）夕ご飯の支度により必ず5時には帰らないとならないばあいなど
	勤務日数限定正社員	例）週4日勤務の正社員など

勤務地限定	地域限定正社員	例）北海道内の転勤のみに限定する正社員
	エリア限定正社員	例）父親の介護の都合で自宅から車で30分以内でしか働けない正社員
	職場限定正社員	例）○○営業所に限定する正社員
職務限定正社員		例）社労士資格の活かせる職務のみ行う正社員

限定正社員（制度）のメリット・デメリット

	メリット	デメリット
企業側	●働き方に制約のある人材でも雇用できます。 ●働き方の制約による退社を防止し，定着率アップにつなげられます。	●就業規則・賃金テーブル・評価基準などを整備する必要があります。 ●雇用管理が煩雑になる恐れがあります。
働き手	●家庭と仕事の両立が可能になります。 ●専門性を活かす場ができます。 ●転勤や残業の心配がありません。	●正社員に比べて給与が低くなることがあります。 ●正社員との同僚意識が育ちにくいばあいがあります。

自律型組織におけるテレワーク

コロナ禍により注目を浴びているテレワークですが，自律型組織とは相性は悪くありません。

実際，自律型人材と呼ばれる者たちは，会社の方針に関わらず，自らすすんでテレワークを取り入れようとするところがあります。彼らにとって「webでできることはwebで行う」は，いたって当然のことなのです。

テレワークとは，在宅勤務・サテライト勤務・その他カフェ等でのモバイルワークの総称です。IT業界などではリモートワークと言われています。

テレワーク

在宅勤務	サテライト勤務	モバイルワーク （カフェ等）

　テレワークについて語る前に，テレワークできない仕事をはっきりさせておく必要があります。テレワークに向いていない仕事は，「身体を使ったやり取り」です。たとえば，調理師，小売業の店員，ホテルのホール係，設備を使う職人，工事現場作業員，自動車整備業者，医者，理美容師，保育士，スポーツ選手などです。

　これに対してテレワーク可能な仕事は，「概念のやり取り」です。言葉，文章，メール，映像などでやり取りできる仕事はすべてテレワーク可能です。代表的なものはマネジメントです。意外かもしれませんが，マネジメントこそテレワーク向きなのです。

　テレワークは「概念のやり取り」が向いていると書きましたが，概念が「言語化」または「見える化」されていなければやり取りできない点は注意が必要です。

　形式知がしっかり備わっていない者にテレワークをさせようとしてもうまくいきません。たとえば着任したばかりの新人に「明日からテレワークね」と指示したら，その新人は間違いなく混乱します。テレワークは，リアルワークが十分できるようになってはじめて可能になります。

　ところがこの間違いをおかす会社は意外と多いようです。さすがに新人にテレワークさせる会社は少ないでしょうが，2年目，3年目の社員にテレワークをさせようとする会社は少なくありません。厳格な就業規則を設け，大がかりな勤怠管理システムを導入したわりには，能率低下を引き起こし，さらには人材育成まで阻害してしまうのは，リアルワー

クも十分にできない者にテレワークをさせてしまうからです。

　仕事の形式知度，暗黙知度と，その仕事がトップ・ミドル・ロワーの
どれに向いているかを図に現すと次のようになります。この図のとお
り，テレワークはミドルが向いていると考えます。

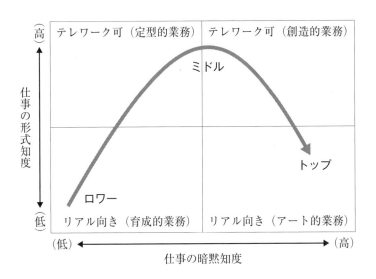

　まだ形式知，暗黙知ともに備わっていないロワーは，リアルなOJT
などにより仕事のやり方，形式知を蓄えることが先決です。仕事に対す
る姿勢ができ上がってからテレワークに切り替えたら良いと思います。

　ロワーとは反対の意味で，トップはテレワークよりもリアル向きで
す。自律型組織におけるトップの仕事は，自律型組織運営の慣習の維持
が中心です。この仕事は，組織内の心理的安全性の確保や社内コミュニ
ケーション促進などヒューマンワークが中心なので，テレワークよりリ
アルが向いています。

　テレワークの欠点は，一定の人たちとの関係に偏る点，仕事関連のや

り取りに偏る点，これら傾向からセレンディピティ（予想外の出会い）を阻害する恐れがあることです。そのため，トップは，組織の状況を常に把握して，自律型の慣習が維持されるように働きかける必要があります。

　なお，テレワークの導入と言うと，一気に大々的に行うイメージがあるようですが，そんな必要はありません。週に1，2日程度，ミドル中心のテレワークであれば，就業規則の付則としてテレワーク勤務規程を付け加えれば十分で，勤務制度を大きく変える必要はありません。モバイルワークなら外出規程をそのまま適用すれば大丈夫なので，中小企業のばあいはそこからはじめれば良いと思います。

【著者紹介】

中村 文昭

株式会社たいわや代表取締役。

中小企業診断士。国家資格キャリアコンサルタント。

1963年千葉県出身。茶畑・工場を所有する老舗の茶舗の次男として生まれる。明治生まれの人たちとの茶積み，大正生まれの人たちが働く工場作業，昭和の商店街でのやり取りを見ながら育つ。

大学卒業後，中堅流通系ゼネコンに21年間務め，企画営業担当者として，グループ横断的な新規事業プロジェクトに多数携わる。

2007年，中小企業診断士として独立し，コーチング，ファシリテーション，キャリアコンサルティングの手法を学びながら，経営コンサルティングを行う。2019年，本格的に中小企業の組織開発コンサルティングを行うため，株式会社たいわやを立ち上げる。

2020年10月30日　第1刷発行

自律型組織をデザインする
　─経営デザインシートを活用した経営革新の進め方─

Ⓒ著　者　中　村　文　昭

発行者　脇　坂　康　弘

発行所　株式
　　　　会社 同友館

〒113-0033 東京都文京区本郷 3-38-1
TEL.03(3813)3966
FAX.03(3818)2774
https://www.doyukan.co.jp/

落丁・乱丁本はお取り替えいたします。　　　　三美印刷／松村製本所
ISBN 978-4-496-05515-7　　　　　　　　　　Printed in Japan